U0901867

大道环京城
首都地区环线高速公路（通州—大兴段）建设纪实
Construction Documentary
of the Capital Region Ring Expressway
(Tongzhou-Daxing Section)

大道环京城

首都地区环线高速公路（通州—大兴段）建设纪实

Construction Documentary of the Capital Region Ring Expressway (Tongzhou-Daxing Section)

《中国交通年鉴》社 主编

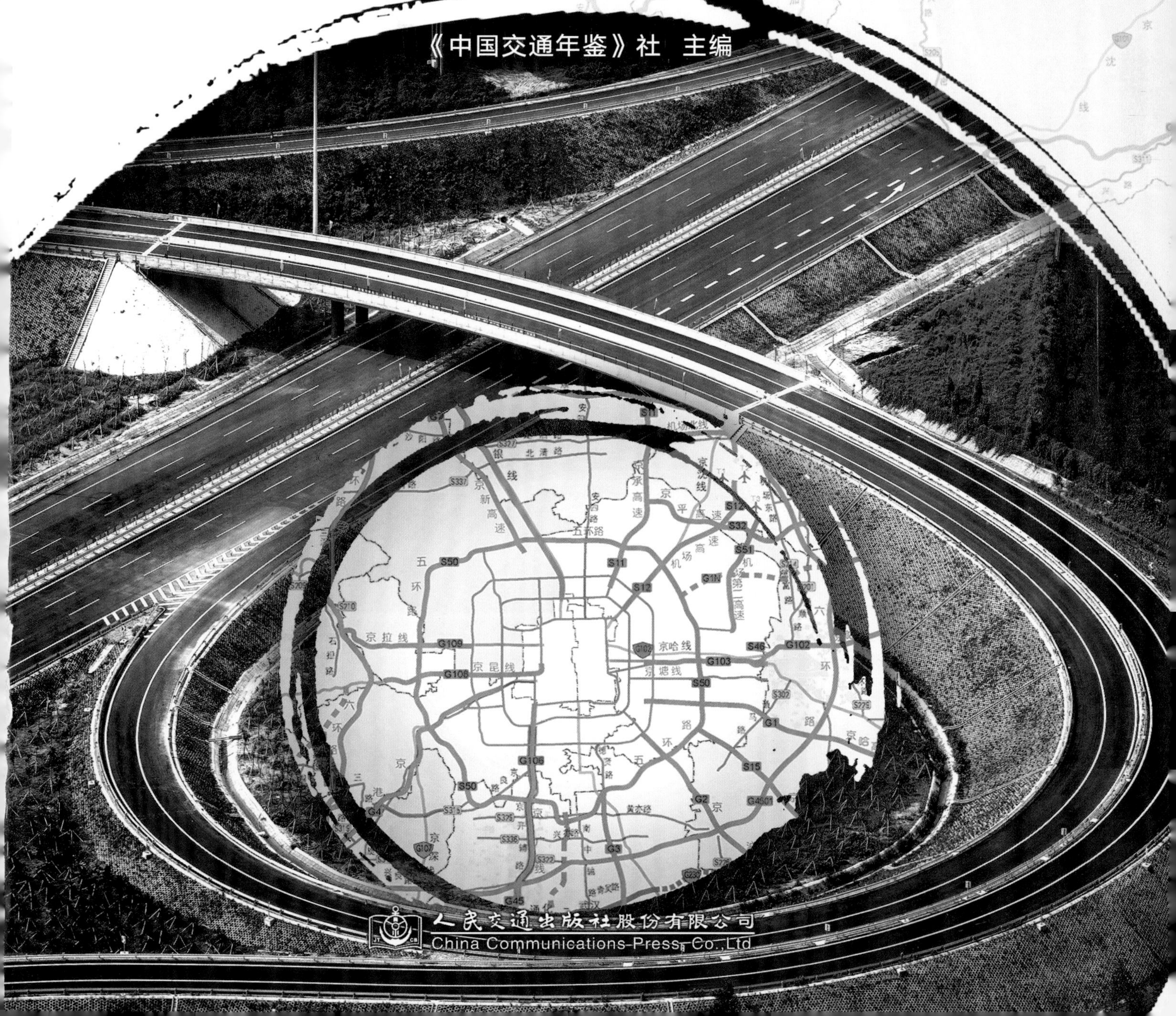

人民交通出版社股份有限公司
China Communications Press Co.,Ltd.

开篇语

Preface

出北京东南，穿六环之外，一年之间，一条传说中的七环，(官称首都地区环线高速公路，简称首环高速)横跨通州与大兴之间。似巨龙出海，如彩云飞渡，让人们眼前一亮。

曾几何时，这里还是荒草成片，瓦砾成堆，六环到这里止步，七环在这里断头。如今这里四通八达，绿树成荫。

这是一条政治路。

京津冀一体化是国家战略。由于缺了这38公里，跨京津冀的外环就是一个缺口，发挥不了环线作用，京津冀交通就难成一体；由于缺了这38公里，北京疏解非首都功能，新的市政府外迁，所有的交通压力都压在六环身上，不堪负重；由于缺了这38公里，北京南部外围的车辆就很难疏散出去，治理北京环境污染的政治任务，就很难完成。所以，首环高速是关门工程，是没有讨价余地的，是必须按期高质量完成的政治工程。

这是一条创新路。

首环高速是北京首条采用PPP模式建成的高速公路，它是利用社会企业资金与政府投资合作成立项目公司来修建的全新模式的高速公路，与以往的修路模式截然不同。具体到首环高速，它突破了以前单纯甲方乙方的模式，是由首发集团作为政府投资人代表，与中国交通建设股份有限公司联合体联合成立

项目公司（简称“首环高速”）采用优势互补、责任共担的方式共同修建的一条高速公路。这对企业来说，不仅要承担资金、质量、拆迁、工期等风险，还要考虑路修好以后25年的盈利问题，可谓是压力巨大。但这同时也使企业具有了甲方的身份，具有了经营的权利，是挑战也是机遇，考验着企业的创新精神。

在这种模式下，企业既是施工方又是甲方，还是投资方。

新的项目公司可以充分利用合同优势，把“几种身份绑在一起”，把工程布局“前置”，把项目管理“一竿子插到底”，甚至把设计、党建、廉政、监管都统一承担起来，可以做到统筹、高效。

所以这也是一条创新路。它的创新起码体现出四大优势：

一是通过社会化引资，有效控制了地方性政府债务规模，缓解了当前政府财政投入压力，政府可以统筹资金投入到更多的非经营性公益设施建设；二是通过充分竞争，“约定通行费”明显降低，有效地降低了传统模式下的运营成本，同时也降低了政府财政的中长期支付压力；三是政府可以从繁重的事务中脱身出来，从过去的基础设施公共服务的提供者成为监管者，通过制订履约考核体系，保证公共设施服务效率和服务水平；四是通过公开招标，择优选取社会投资人，政府部门和社会资本可以取长补短，发挥各自优势，以最低的成本为公众提供高质量的服务。

这还是一条同心路。

在以往的公路建设中，政府是甲方，企业是乙方，各有各的立场。迁拆没完成，乙方不施工；乙方增成本，甲方不同意；公路交付后，乙方不考虑后续问题。而首环高速则不同，双方共同成立公司，目标一致，行动同步，各自发挥自身优势、互补互利，可以说首环高速是一条同心路。

首环高速董事长韩国杰在公司成立之初，就定下了目标，提出首环高速要做“两个模范”，即与政府合作的模范；执行PPP的模范。

在这条同心路上，所有的环节都从容、有序，从来没有因为建设费用着过急，当然更没拖欠过民工的工资。

在这条同心路上，所有的征地、拆迁工作，企业和当地政府六方共同审核。统一了征迁范围，限制

了扩迁，控制了单价，提高了速度，有效控制了拆迁成本。遇到问题主要由“小六方”(见注①)解决，“小六方”解决不了的由“大六方”(见注②)解决。

在这条同心路上，首发的文化和中交的文化水乳交融，领导班子成员互相尊重、互相配合、互相包容、同心共志，为共同的目标不懈努力。

在这条同心路上，按照现代企业制度，成立了董事会、监事会、经营班子，PPP是大家共同遵守的法律。

在这条同心路上，公司领导共同研究怎样合理地降低税费，共同严守财务纪律，一单一审，并引入第三方审计共同监管。

如今首环高速（通州—大兴段）已顺利贯通，它西起大兴区采育镇韩营村南侧京冀界、东至通州区西集镇赵庄村北侧京冀界，一头牵手廊坊、另一头挽起香河，成为促进京津冀协同发展、京津冀交通一体化的黄金大通道，它同时也使于2019年启用的大兴新机场，增添一个东北方向的进出通道。

这条在国家高速公路网的编号为“G95”的高速公路建成通车，真正使河北省张家口、涿州、廊坊、承德，以及北京平谷区“环”了起来，这一巨“环”竟长达940公里，真可谓蔚为壮观。

让我们用网民的话来形容一下首环高速吧：

首环高速，没谁了！

注① 六方工作小组（小六方）：六方工作小组由通州区漷县镇政府牵头组织，具体成员为村“两委”、漷县镇政府、北京首都环线高速公路有限公司、拆迁服务机构、测绘机构、评估机构。

注② 综合问题处理组（大六方）：综合问题处理组由北京市通州区住房和城乡建设委员会牵头组织，具体成员为通州区住建委、北京首都环线高速公路有限公司、通州区国土分局、通州区规划分局、漷县镇政府、村“两委”。

目 录

CONTENTS

第四章　建设篇

第五章　荣誉篇

目　录

CONTENTS

第一章 纵览篇

Chapter 1 Overall Summary

工程概况

首都地区环线高速公路（通州—大兴段）工程起点为北京市大兴区采育镇韩营村南侧市界（桩号HK0+666.416），与河北省廊坊市段规划线位相接，终点为北京市通州区西集镇赵庄村北侧市界（HK38+844.137），与河北省北三县段规划线位相接，全长38.2公里，其中大兴区段10.53公里（HK0+666.416~HK11+200），通州区段27.64公里 (HK11+200~HK38+844.137)。道路设计等级为高速公路，道路全线设计速度每小时120公里，标准段路基宽度34.5米。

道路全线共设置互通立交7座，分离式立交8处、特大桥4处、大桥2处、中桥2处、服务区1处、管理中心1处、养护工区1处、天桥1处。

该工程是规划首都地区环线高速公路（G95）中的重要组成部分，是京津冀协同发展交通一体化重点实施项目，是全长940公里的首都环线高速公路位于北京境内的一段，其建成后，首都环线高速公路全线将贯通成环，京津高速、京沪高速、京哈高速都将通过这条高速实现连接。该项目估算总投资额为

122亿元，采用PPP模式进行建设，项目公司由中交方（中国交建、中交一公局、中交路建组成联合体）与首发集团共同组建。项目于2018年6月30日通车，运营期25年。

首都地区环线高速公路的建设一方面将北京，以及承德、廊坊、固安、张家口、崇礼等节点城市一一串联起来，对推进京津冀一体化进程有着巨大助推作用。另外，能够使得北京的过境交通尤其是货运交通转移至外围地区，对缓解首都交通压力和改善空气质量都有着积极作用。而且，北京新机场建成后，这条环线高速的一部分将成为沟通新老机场的陆路干线，成为两座机场间最便捷的走廊。

各委办局批复文件（部分）

特　急

国家发展和改革委员会文件

发改基础〔2017〕555号

国家发展改革委关于首都地区环线高速公路通州至大兴段可行性研究报告的批复

北京市发展改革委：

报来《关于上报首都地区环线高速（通州-大兴段）工程可行性研究报告的请示》（京发改文〔2016〕451号）及有关材料收悉。经研究，现批复如下。

一、为贯彻落实京津冀协同发展战略，完善国家和区域高速公路网，改善区域交通条件，促进北京市东部经济发展，同意建设首都地区环线高速公路通州至大兴段。

二、路线起自通州区西集镇赵庄村北侧冀京界，接已建成的首都地区环线国家高速公路河北香河段，经永乐店、漷县、于家务、采

— 1 —

（此页无正文）

国家发展改革委
2017年3月22日

抄送：财政部、交通运输部、国土资源部、环境保护部，中国建设银行股份有限公司，北京华协交通咨询公司，北京市交通委员会

— 4 —

国家发展改革委关于首都地区环线高速公路可研批复（立项）

中华人民共和国交通运输部

交规划函〔2017〕205号

交通运输部关于首都地区环线高速公路通州至大兴段可行性研究报告的审查意见

国家发展改革委：

北京市发展改革委上报你委并抄送我部的《关于上报首都地区环线高速（通州一大兴段）工程可行性研究报告的请示》（京发改文〔2016〕451号）收悉。该项目符合你委和我部联合印发的《关于进一步做好收费公路政府和社会资本合作项目前期工作的通知》（发改办基础〔2016〕2851号）和你委《关于国家高速公路网新建政府和社会资本合作项目批复方式的通知》（发改办基础〔2016〕1818号）的有关要求。经审查，同意建设首都地区环线高速公路通州至大兴段，现提出审查意见如下：

一、首都地区环线高速公路是国务院批准的《国家公路网规划（2013年—2030年）》中的六条地区环线之一，是联系京津冀地区的重要公路通道，也是各地进出或过境北京的快速运输通道。拟建项目是首都地区环线高速公路的重要路段，也是北京市高速公路网的组成部分，在国家和区域路网中居重要地位。目前，首都地区环线高速公路大部分路段均已建成通车，为发挥路网的规模效

（二）优化工程方案，减少对既有公路和铁路等的影响，保证交通安全。

（三）注重节约集约用地，并充分考虑生态环保理念，尽量减少公路建设对环境的影响。

交通运输部
2017年3月10日

抄送：国土资源部，北京市发展改革委、交通委员会，北京华协交通咨询公司，部公路局。

首都地区环线高速公路通州至大兴段可行性报告审核意见

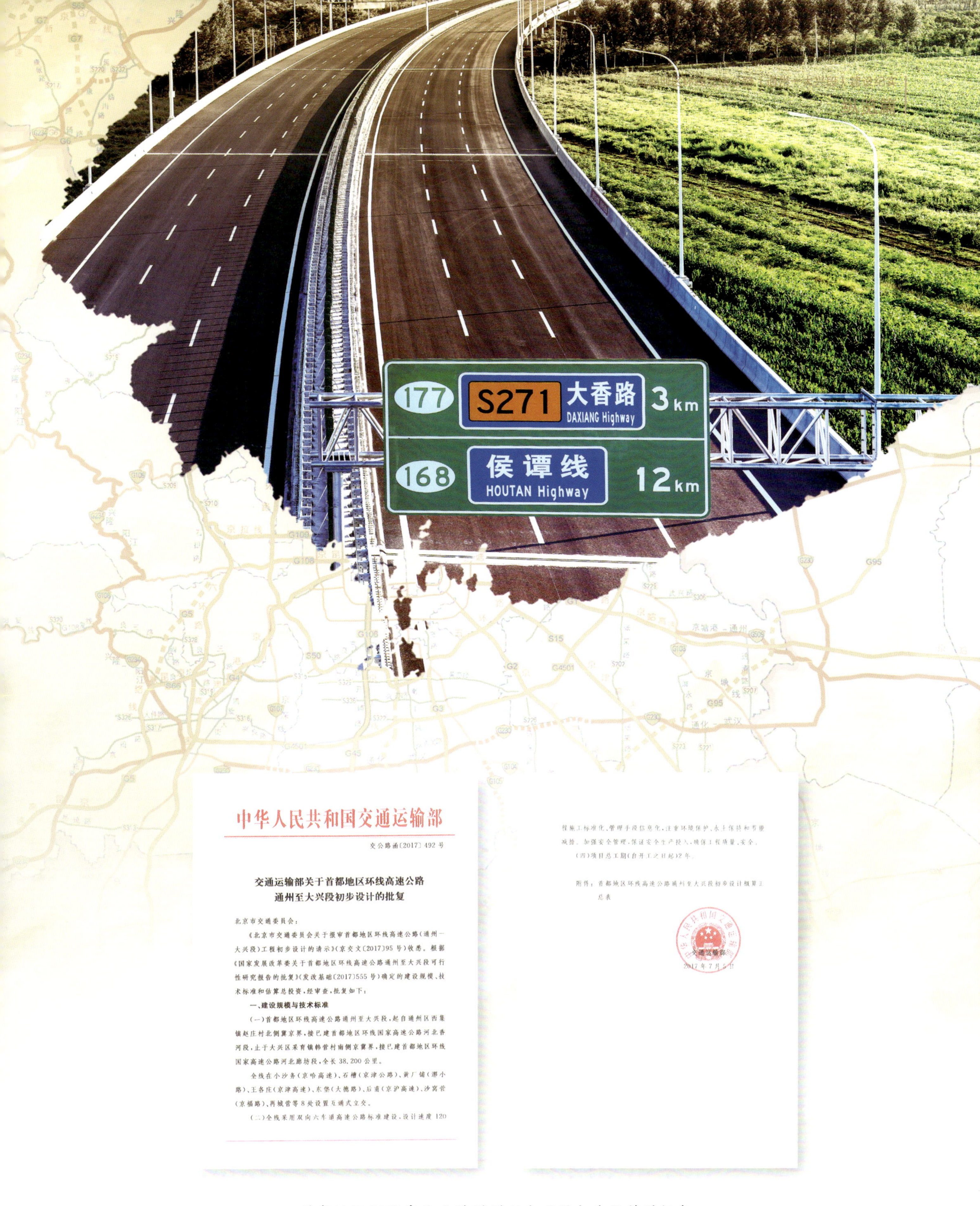

中华人民共和国交通运输部

交公路函〔2017〕492 号

交通运输部关于首都地区环线高速公路通州至大兴段初步设计的批复

北京市交通委员会：

《北京市交通委员会关于报审首都地区环线高速公路（通州—大兴段）工程初步设计的请示》（京交文〔2017〕95 号）收悉。根据《国家发展改革委关于首都地区环线高速公路通州至大兴段可行性研究报告的批复》（发改基础〔2017〕555 号）确定的建设规模、技术标准和估算总投资，经审查，批复如下：

一、建设规模与技术标准

（一）首都地区环线高速公路通州至大兴段，起自通州区西集镇赵庄村北侧冀京界，接已建首都地区环线国家高速公路河北香河段，止于大兴区采育镇韩营村南侧京冀界，接已建首都地区环线国家高速公路河北廊坊段，全长 38.200 公里。

全线在小沙务（京哈高速）、石槽（京津公路）、黄厂铺（漷小路）、王各庄（京津高速）、东堡（大德路）、后甫（京沪高速）、沙窝营（京福路）、再城营等 8 处设置互通式立交。

（二）全线采用双向六车道高速公路标准建设，设计速度 120

程施工标准化、管理手段信息化，注重环境保护、水土保持和节能减排。加强安全管理，保证安全生产投入，确保工程质量、安全。

（四）项目总工期（自开工之日起）2 年。

附件：首都地区环线高速公路通州至大兴段初步设计概算汇总表

交通运输部

2017 年 7 月 5 日

首都地区环线高速公路通州至大兴段初步设计的批复

中华人民共和国水利部

水保函〔2016〕106号

水利部关于首都地区环线高速公路（通州—大兴段）工程水土保持方案的批复

北京市首都公路发展集团有限公司：

《北京市首都公路发展集团有限公司关于申请审批〈首都地区环线高速公路（通州—大兴段）工程水土保持方案报告书〉的函》（京首公科字〔2015〕182号）收悉。

首都地区环线高速公路（通州—大兴段）工程位于北京市境内，全长38.0公里。工程总占地面积370.8公顷，土石方挖填总量576.3万立方米，估算总投资141.4亿元，总工期24个月。

我部水利水电规划设计总院对《首都地区环线高速公路（通州—大兴段）工程水土保持方案报告书》进行了技术审查，提出了审查意见（详见附件）。经研究，我部基本同意该水土保持方案。现就水土流失的预防和治理批复如下：

一、水土保持方案总体意见

（一）基本同意建设期水土流失防治责任范围为431.1公顷。

措施如需作出重大变更的，也须报我部批准。

四、按照《开发建设项目水土保持设施验收管理办法》的规定，本项目在投产使用前应通过我部组织的水土保持设施验收。

附件：水规总院关于首都地区环线高速公路（通州—大兴段）工程水土保持方案报告书审查意见的报告（水总环移〔2016〕109号）

— 3 —

水利部关于首都地区环线高速公路（通州—大兴段）工程水土保持方案的批复

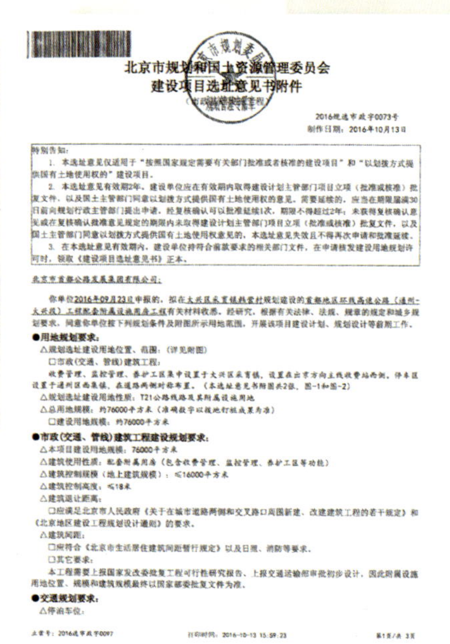

北京市规划和国土资源管理委员会
建设项目选址意见书附件

2016规选市政字0073号
制作日期：2016年10月13日

特别告知：

1. 本选址意见仅适用于"按照国家规定需要有关部门批准或者核准的建设项目"和"以划拨方式提供国有土地使用权的"建设项目。

2. 本选址意见有效期2年。建设单位应在有效期内取得建设计划主管部门项目立项（批准或核准）批复文件，以及国土主管部门同意以划拨方式提供国有土地使用权的意见。需要延续的，应当在期限届满30日前向规划行政主管部门提出申请，经复核确认可以批准延续1次，期限不得超过2年；未获得复核确认意见或在复核确认批准意见规定的期限内未取得建设计划主管部门项目立项（批准或核准）批复文件，以及国土主管部门同意以划拨方式提供国有土地使用权意见的，本选址意见失效且不得再次申请和批准延续。

3. 在本选址意见有效期内，建设单位持符合前款要求的相关部门文件，在申请核发建设用地规划许可时，领取《建设项目选址意见书》正本。

北京市首都公路发展集团有限公司：

你单位2016年09月23日申报的，拟在大兴区采育镇韩营村规划建设的首都地区环线高速公路（通州-大兴段）工程配套附属设施用房工程有关材料收悉。经研究，根据有关法律、法规、规章的规定和城乡规划要求，同意你单位按下列规划条件及附图所示用地范围，开展该项目建设计划、规划设计等前期工作。

●用地规划要求：

△规划选址建设用地位置、范围：（详见附图）

□市政（交通、管线）建筑工程：

收费管理、监控管理、养护工区集中设置于大兴区采育镇，设置在出京方向主线收费站西侧。停车区设置于通州区西集镇，在道路两侧对称布置。（本选址意见书附图共2张，图-1和图-2）

△规划选址建设用地性质：T21公路线路及其附属设施用地

△总用地规模：约76000平方米（准确数字以拨地钉桩成果为准）

□建设用地规模：约76000平方米

●市政（交通、管线）建筑工程建设规划要求：

△本项目建设用地规模：76000平方米

△建筑使用性质：配套附属用房（包含收费管理、监控管理、养护工区等功能）

△建筑控制规模（地上建筑规模）：≤16000平方米

△建筑控制高度：≤18米

△建筑退让距离：

□应满足北京市人民政府《关于在城市道路两侧和交叉路口周围新建、改建建筑工程的若干规定》和《北京地区建设工程规划设计通则》的要求。

△建筑间距：

□应符合《北京市生活居住建筑间距暂行规定》以及日照、消防等要求。

□其它要求：

本工程需要上报国家发改委批复工程可行性研究报告、上报交通运输部审批初步设计，因此附属设施用地位置、规模和建筑规模最终以国家部委批复文件为准。

●交通规划要求：

△停泊车位：

立案号：2016选市政字0097　　打印时间：2016-10-13 15:59:23　　第1页/共3页

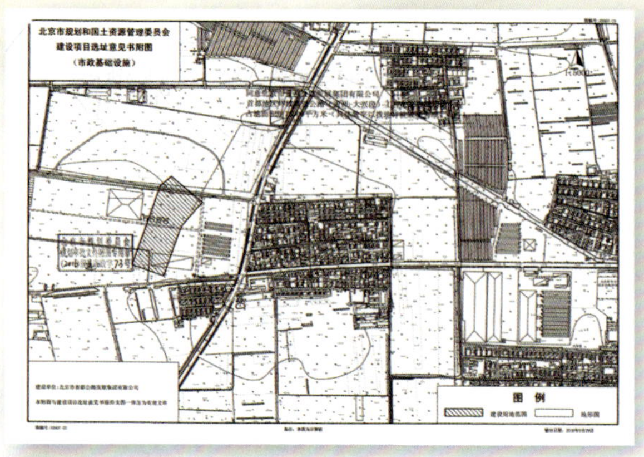

北京市规划和国土资源管理委员会建设项目选址意见书

北京市规划委员会
建设项目选址意见书附件
（市政基础设施工程）

2015规选市政字0029号
制作日期：2015年05月27日

特别告知：
1. 本选址意见仅适用于“按照国家规定需要有关部门批准或者核准的建设项目”和“以划拨方式提供国有土地使用权的”建设项目。
2. 本选址意见有效期2年，逾期失效。
3. 在本选址意见有效期内，建设单位持符合前款要求的相关部门文件，在申请核发建设项目用地规划许可时，领取《建设项目选址意见书》正本。

北京市首都公路发展集团有限公司：

你单位2015年05月18日申报的，拟在由大兴区采育镇韩营村到通州区西集镇赵庄规划建设的东南部过境通道（大兴区-通州区段）工程有关材料收悉，经研究，根据有关法律、法规、规章的规定和城乡规划要求，同意你单位按下列规划条件及附图所示用地范围，开展该项目建设计划、规划设计等前期工作。

●用地规划要求：
△规划选址建设用地位置、范围：（详见附图）
二市政(交通、管线)线性工程：
由大兴区采育镇韩营村到通州区西集镇赵庄，详见附图。
工程名称：　东南部过境通道（大兴区-通州区段）
工程起止点：
起　点：　大兴区采育镇
途　经：
止　点：　通州区西集镇
△规划选址建设用地性质：T21公路铁路及其附属设施用地
△总用地规模：约3003000平方米（准确数字以拨地钉桩成果为准）
☐建设用地规模：约3003000平方米
△该建设项目用地范围跨越通州区、大兴区行政区划界线，须抄送相关区（县）人民政府。

●市政交通线性工程（含附属设施）建设规划要求：
△工程类型：公路
△工程设计要求：
☐道路名称及横断面、纵断面要求：

北京市规划委员会
建设项目选址意见书附图
（市政基础设施）

北京市规划委员会建设项目选址意见书

北京市环境保护局

京环审〔2015〕389号

北京市环境保护局关于首都地区环线高速公路（通州-大兴段）工程环境影响报告书的批复

北京首都公路发展集团有限公司：

你单位报送的《首都地区环线高速公路（通州-大兴段）环境影响报告书》（项目编号：评审A2015-0412）及有关文件收悉，经审查，批复如下：

一、拟建项目位于通州、大兴区，工程起自大兴区韩营村市界，向东经铜佛寺、辛店、通州区北堤寺等村镇至终点赵庄村市界，全长约37.94公里，计划投资约141.4亿元。在落实报告书和本批复提出的各项污染防治措施后，从环境保护角度分析，同意该项目建设。

二、项目建设与运营应重点做好以下工作：

1、为减缓交通噪声影响，建设单位须在韩营村等16处路段采取声屏障、隔声窗、低噪声路面以及禁鸣等管理手段综合降噪。

2、沿线收费站须使用移动式环保厕所，产生的废物交有资质单位处置，服务区和养护工区产生的污水须按照设计方案经中水处理站处理后回用，不得外排。服务区等采暖须使用清洁能源，不得使用燃煤。

3、工程建设应合理设置施工临时用地，尽量减少地表植被破坏。

4、施工期须严格执行《北京市建设工程施工现场管理办法》、《建筑施工场界环境噪声排放标准》（GB12523-2011）及《北京市空气重污染应急预案（试行）》，依据空气污染预警级别做好施工现场管理，开展施工期环境监理。按照《关于建设工程施工工地扬尘排污费征收有关工作的通知》（京环发〔2015〕5号）要求缴纳相关费用。

三、自环评报告书批复之日起五年内项目未能开工建设的，本批复自动失效。项目性质、规模、地点及环保措施发生重大变化的，应重新报批建设项目环评文件。

四、项目竣工后须向市环保局申请办理环保验收手续。

2015年10月16日

（此文主动公开）

抄送：通州区环保局、大兴区环保局、北京欣国环环境技术发展有限公司。

北京市环境保护局办公室　　2015年10月19日印发

北京市环境保护局关于首都地区环线高速公路（通州—大兴段）工程环境影响报告书的批复

一会三函

北京市发展和改革委员会
北京市住房和城乡建设委员会
文件

京发改〔2017〕251号

北京市发展和改革委员会　北京市住房和城乡建设委员会关于印发北京市2017年重点工程计划的通知

各有关单位：

为全力以赴精准加力有效投资，进一步加强重点工程对促协同和稳增长的关键支撑作用，通过适当扩大调度规模，形成开工一批、推进一批、竣工一批、储备一批的项目滚动实施机制，经报请市委市政府批准，2017年安排年度重点工程230个，总投资约13157亿元，当年计划投资约2744亿元。其中新开项目102

—1—

立项、用地等计划新开工项目的前期手续办理。重点工程计划的公共服务类项目可按照“一会三函”方式直接办理前期工作函、设计方案审查意见和施工登记意见书等手续，项目开工前应依法进行环境影响评价。

四、强化信息管理

进一步加强重点工程信息月报管理力度。项目单位为第一责任人，需每月登录北京市重点建设项目信息管理系统（http://project.bjpc.gov.cn/zdxm/），填报当月工程进展情况、完成投资、需协调的问题（填报期为每月第26日至下月第5日）。各责任单位应督促项目单位报送信息，及时汇总和反馈项目信息。

北京市发展和改革委员会　北京市住房和城乡建设委员会

2017年3月6日

（联系人：市发展改革委　陈文军；　联系电话：66415588-0748
市住房城乡建设委　王德志　59958916）

—3—

北京市发展和改革委员会关于北京市重点工程计划的通知

北京市发展和改革委员会

京发改〔2015〕2343号

北京市发展和改革委员会
关于加快推进首都地区环线高速公路（通州大兴替代线）项目前期工作的函

北京市首都公路发展集团有限公司：

按照京津冀协同发展交通领域率先突破2015-2017年工作部署和交通运输部办公厅、国家发展改革委办公厅联合下发的《关于加快推进国家高速公路“断头路”和普通国道“瓶颈路段”建设的通知》（厅规划字〔2013〕189号）有关要求，首都地区环线高速公路（通州大兴替代线）项目要求于2015年底前开工建设，目前项目已取得规划意见书、环评、社稳手续，尚未取得国土预审、水保手续和交通行业部门审查意见，请加快开展首都地区环线高速公路（通州大兴替代线）项目前期工作，以便尽早完成项目立项审批工作。

专此函达。

北京市发展和改革委员会

2015年10月19日

（联系人：基础处　扈中伟；　联系电话：66415588-0960）

抄送：市交通委、市规划委，市国土局、市环保局、市水务局。

- 2 -

北京市发展和改革委员会关于加强推进首都地区环线高速公路（通州大兴替代线）项目前期工作的函

北京市规划委员会

市规函〔2013〕1531号

北京市规划委员会关于
密涿高速公路（大兴区～通州区段）
道路工程设计方案的批复

市首发集团：

你单位报送的《关于报审密涿高速公路（南段）工程方案设计的请示》（京首公技字〔2012〕54号）收悉。经组织专家评审并上报市政府同意，原则同意所报设计方案。现批复如下：

一、原则同意密涿高速公路（大兴区～通州区段）的设计范围：该道路南起大兴区采育镇韩村营村，与河北省廊坊市线位相接，线位向东北方向经规划东南部过境通道、凤河、京福路、采育规划区及京沪高速公路后进入通州区，线位继续向东北方向经张采路、张凤路、规划永乐新城、于家务规划区后，下穿京津城际铁路及京津高速公路现状桥，并经永乐店规划区、漷小路、房通公路、凤港减河、孔兴路、京津公路、北运河、京哈高速公路及潮白河后，至终点通州区西集镇赵庄村，与河北省北三县线位相接，道路全长约38公里。其中，道路经过采育规划区及于家务规划区段采用连续高架桥型式，全长约7公里。

八、需进一步完善的问题。

1.请设计单位依据2012年12月27日专家意见，进一步深化相关设计工作。

2.关于密涿高速公路京冀两省市间的接线及设计衔接工作，请建设单位、设计单位与该道路河北段建设单位、设计单位进一步配合。

3.请设计单位进一步优化比选道路沿线互通式立交节点的处理形式，节约立交用地规模。

4.有关跨河桥设计，请建设单位、设计单位与相关水务部门进一步配合，并进一步深化桥梁选型及景观设计。

5.具体树木伐移事宜，请建设单位商市园林绿化局，并办理相关手续。

6.请建设单位商市环保局，落实相关环境保护措施。

7.请建设单位根据本工程方案批复要点，按基本建设程序抓紧办理相关手续。

北京市规划委员会
2013年9月27日

抄送：市发展改革委，市交通委，市环保局，市园林绿化局，市水务局，市交管局，市规划院，北京铁路局，大兴区政府，通州区政府，市规划委大兴分局、通州分局。

— 3 —

北京市规划委员会关于密涿高速公路（通州区—大兴区段）道路工程设计方案的批复

北京市规划和国土资源管理委员会

市规划国土函〔2016〕1122号

北京市规划和国土资源管理委员会关于
首都地区环线高速公路（通州～大兴段）工程
初步设计预审意见的函

首发集团：

你单位《关于报审首都地区环线高速公路（通州～大兴段）工程初步设计的请示》（京首公科字〔2016〕192号）收悉。依据该项目前期工作函、设计方案、环评、水保、社会稳定、用地预审等相关批复文件，并经组织相关单位及专家审查，经研究，现将有关预审意见函复如下：

一、首都地区环线高速公路（通州～大兴段）工程是北京大外环高速公路系统的重要组成部分，加快推进该项目建设对于进一步完善国家高速公路网、促进京津冀交通一体化发展有重要意义，我委将积极配合做好该工程规划审批相关工作。

二、该道路工程设计起终点、设计标准、标准横断面宽度、路基形式、立交方案、跨河桥方案、配套附属设施方案等内容与设计方案批复基本一致，我委原则同意首都地区环线高速公路（通州～大兴段）工程初步设计。

三、请建设单位、设计单位依据2016年11月10日初步设计预审会专家意见，进一步深化相关设计内容。

四、请建设单位按照基本建设程序抓紧办理相关手续。

特此函复。

北京市规划和国土资源管理委员会
（代章）
2016年11月27日

抄送：市发展改革委，市交通委，市交管局，市园林绿化局，市环保局，市水务局，市交通委路政局，大兴区政府，通州区政府，市规划委大兴分局、通州分局。

— 2 —

关于首都地区环线高速公路（通州—大兴段）工程初步设计预审意见的函

北京市规划和国土资源管理委员会

市规划国土函〔2016〕307号

北京市规划和国土资源管理委员会关于首都地区环线高速公路（通州～大兴段）工程附属设施设计方案的批复

首发公司：

你单位报送的首都地区环线高速公路（通州～大兴段）工程附属设施房建设计方案收悉。经组织审查，原则同意所报设计方案，现批复如下：

一、原则同意首都地区环线高速公路（通州～大兴段）工程全线设置1处主线收费站、5处匝道收费站、1处管理分中心、1处养护工区及1处停车区等附属设施。

收费管理、监控管理、养护工区集中设置于大兴区采育镇，设置在出京方向主线收费站西侧；停车区设置于通州区西集镇，在道路两侧对称布置。

二、原则同意首都地区环线高速公路（通州～大兴段）工程

农田情况并完善相关手续。

4.请建设单位抓紧落实首都地区环线高速公路道路定线及沿线市政管线项目综合工作。

5.请市交通委牵头商大兴和通州区政府落实首都地区环线高速综合检查站设置相关事宜，随道路工程同步建设。

6.有关树木伐移事宜，请建设单位商市园林绿化局，并办理相关手续。

7.请建设单位商市环保局，落实相关环境保护措施。

8.请建设单位按基本建设程序抓紧办理相关手续。

北京市规划和国土资源
管理委员会（代章）
2016年9月1日

抄送：市发展改革委，市交通委，市水务局，市园林绿化局，市环保局，市交管局，通州区政府，大兴区政府，市规划院，市规划委通州分局、大兴分局。

北京市规划和国土资源管理委员会关于首都地区环线高速公路（通州—大兴段）工程附属设施设计方案的批复

施工登记意见书

编号：公施意[2016]004　号

项目法人	中国交通建设股份有限公司（牵头人）	法人代表	韩国明
联系人	董祥　联系电话	13520213336	
项目名称	首都地区环线高速公路（通州—大兴段）工程	项目类别	高速公路
工程起讫点	ZK0+660.416-ZK38+836.429	建设地点	通州区 大兴区
用地批准文号	京国土规〔2015〕511号	合同价款	55.7181亿元
规划意见文号	市规函〔2011〕981号	计划工期	18个月
建设规模	本工程起点为北京市大兴区采育镇韩营村南侧市界，终点为北京市通州区西集镇赵庄村北侧市界，与河北省北三县段规划线位相接。线路全长约38公里，双向6车道，红线宽度80米，车道宽度3.75米，设计速度120公里/小时；桥梁长度20.1公里，占总里程53%。		
施工单位	中交第一公路工程局有限公司	负责人	乔永和
	中交路桥建设有限公司		晏一龙
监理单位	一监：北京京博通工程咨询有限公司	负责人	张俊凯
	二监：北京正宏监理咨询有限公司		王玉国
设计单位	北京市市政工程设计研究总院有限公司	负责人	朱江
施工登记意见	准予施工登记。		
施工登记机关	2016年12月22日		

备注：
1. 本意见书自登记之日起一年内有效，确需延期的，应在到期日前一个月向登记机关提出申请。
2. 本意见书不能代替施工许可，建设单位应依法依规办理工程各项审批手续，在具体条件后及时办理施工许可。

北京市交通委员会施工登记意见书

参建单位名录

施工单位：

中交第一公路工程局有限公司

中交路桥建设有限公司

监理单位：

北京京博通工程咨询有限公司及北京天智恒业科技发展有限公司联合体

北京正宏监理咨询有限公司

设计单位：

北京市市政工程设计研究总院有限公司

勘察单位：

建设综合勘察研究设计院有限公司

中航勘察设计研究院有限公司

北京市勘察设计研究院有限公司

测绘单位：

北京市测绘设计研究院

中航勘察设计研究院有限公司

更安全
更环保
更优质
科技铸造优质工程
40

第二章

Chapter 2 Focus | 关注篇

澎湃着创新血液的第一路

——中国首条PPP高速公路“首环高速”诞生记

8月20日，北京的秋天。一条崭新的高速公路，像一条静卧在北京东南华北大平原上的黑色巨龙，终于等来了让它开始舞动的指令。在通州区和大兴区的一些村镇道路上，在高速公路入口处，“首环高速（G95）”路标显得格外夺目。这就是大名鼎鼎的“大外环”。驱车行驶在平坦的公路上，感受到现代化高速公路带给人的速度感与驾驶的激情，公路穿行农村田野间，极好的视野和周边绿色的景致令人心旷神怡。这一段通州至大兴的38.2公里高速公路通车后，整个环线将畅通无阻。

“首环高速（编号G95）”全长940公里，其中890公里都在河北地区，通过张承高速公路、张涿高速公路、长深高速公路、廊涿高速公路等，将承德、兴隆、三河、香河、廊坊、固安、涿州、涿鹿、张家口、崇礼、沽源、丰宁等城市串联起来，由于同样紧邻天津，天津也将是“首环高速”的直接受益地区，因此京津冀三地的人们都因“首环高速”的全线贯通而兴奋不已。在媒体上，各种旅游攻略、房产攻略、美食攻略已开始铺天盖地，北京日报做了一个“首环高速”示意图，把平谷大桃、涿鹿拿糕、香河肉饼、丰宁烤全羊等直接标在了地图上……

交通的发展是国家、社会发展的直接体现，透过“首环高速”，再翻开2018年7月30日发布的《北京市推进京津冀协同发展2018~2020年行动计划》，一种跨时代的感觉油然而生，未来3年京津冀协同发展在这样的超级规划指引下，迎来了历史的契机，而“首环高速”正是实现三地协同发展的基石之一。因此，“首环高速”建设意义重大，那么这样一条具有战略意义的高速公路，它的建设质量必须是过硬的，尤其是最后通车的全长38.2公里北京大兴至通州段，在整个“首环高速”至关重要，没有了这段，“首环高速”就无从谈起，所以作为收官路段，它代表了“首环高速”建设的最高水平，它必须尽可能做到完美，必须经得起时间和历史的检验。而且它作为PPP项目的创新模式，要为交通建设乃至整个基础设施建设领域PPP模式的运营，提供范本和榜样。因此，把“首环高速”称之为创新之路，当之无愧。

模式创新万众瞩目

在中国交通领域中国交通建设股份有限公司（简称中国交建）是绝对的领军企业，作为世界500强企业，它在全球声名遐迩，而它的中交第一公路工程局有限公司（简称一公局）更是具有悠久的历史和显赫的功绩。2017年初，一份任命通知书放在副局长韩国杰桌上，他将出任“北京首都环线高速公路有限公司”的首任董事长兼党委书记，以一个副局长的身份出任一个合资公司的领导，这在中国交建体系内还是非常罕见的，属于“高配”。这足以说明中国交建对于这个项目的重视。中国交建之所以如此重视，是因为这个项目是中国交建体系内第一个即将运营的高速公路PPP项目，它的成功不但对于中国交建，对于中国交通行业，甚至整个国家PPP项目，都具有极强的示范意义和探索价值。

代表中国交建的另一个股东是中交路桥建设有限公司（简称中交路建），这家公司也是集团的生力军，在业内更是“响当当”的队伍。中交路建派出得力干将，参与首环高速的组织建设。

由此，中国交建股份、中交一公局、中交路建组成了“联合体”。作为政府投资人代表的北京市首都公路发展集团有限公司(简称首发集团)，是“首环高速”的另一方股东，与“联合体”共同成立了“北京首都环线高速公路有限公司”。

在通州区漷县镇僻静的漷大路一处被翻修一新的紫红色三层小楼格外引人注目，而小楼院子进进出出的车辆更与周边宁静的环境形成鲜明的对比，大门口的“北京首都环线高速公路有限公司”牌子会让好奇的村民多看上几眼，他们可能不知道一个影响北京乃至全国的重要交通工程，就在这个不起眼的地方开始了建设。

从2016年10月起韩国杰就带领这支团队租用了这栋楼房和院落，从前期的建设准备，到中标后与首发集团谈判联合组建项目公司，讨论合同文本的细枝末节，基本都是在这栋楼里进行的。

北京首个PPP公路运营项目

PPP（Public-Private-Partnerships）对于中国还是个新生事物，国家也就是在这几年才向社会推出相关的PPP项目。PPP模式是一种新型的投融资和管理运营方式，按网上搜索得到的解释：PPP模式，即政府和社会资本合作，是公共基础设施中的一种项目运作模式。在该模式下，鼓励各类社会资本与政府进行合作，参与公共基础设施建设。政府采取竞争性方式选择具有投资、运营管理能力的社会资本，双方按照平等协商原则订立合同，由社会资本提供公共服务，政府依据公共服务绩效评价结果向社会资本支付对价。

PPP是以市场竞争的方式提供服务，主要集中在纯公共领域、准公共领域。PPP不仅是一种融资手段，而且是一次体制机制变革，涉及行政体制、财政体制、投融资体制等改革。

我国在2014~2015年间密集出台多项与PPP相关的政策，尤其以2015年4月21日国家发展和改革委、财政部、住房和城乡建设部、交通运输部、水利部、中国人民银行联合发文《基础设施和公用事业特许经营管理办法》，鼓励和引导社会资本参与基础设施和公用事业建设运营，提高公共服务质量和效率，保护特许经营者合法权益，最为著名和最受关注。于是从中央到地方，PPP项目如雨后春笋般生长起来，但受建设周期的影响，目前真正运营的PPP项目还是很少的。

以北京交通项目为例，兴延高速公路是全国高速公路第一个公开招标、引进社会资本的PPP项目，于2015年6月开工建设，工期42个月，计划2018年12月建设完成。由于兴延高速公路要穿越北京西北部山区，需要建设更多的桥梁与隧道，施工难度大，工期长。而“首环高速”是在北京平原地区建设，控制性工程少，进度就快，因此成为了北京第一条PPP项目通车和运营的高速公路。

“首环高速”的责任与使命

作为在公路建设领域工作超过30年的韩国杰董事长，他不会不明白，这次赋予他的责任有多重，寄予他的期望有多高。他知道这次他的任务根本就不是那短短38.2公里高速公路的施工建设，这点工程量，在他的职业生涯中，实在是不值一提，而是需要用到他丰富的经验、对于新生事物的认知深度和把控全局与过程的能力，在这个项目中与其说是考验他技术能力不如说是考验他的管理、协调能力。这样的一种宏观管理能力与对运营模式深度理解的商业智慧，不是一朝一夕能具备的。这就能理解，中国交建为什么会给这个合资公司“高配”了这样一位领导。

PPP创新模式万众瞩目，尤其是PPP模式目前还处在摸索、争议阶段，就更需要一个具有全局观和超前意识并对PPP有深刻理解的领导，他将带领这个项目丝毫不差地走入预定的轨道，实现预计的目标，以证明这种模式在中国公共项目中建设与运营的科学性、合理性和必要性。这是一场软科学的智慧考验，重要的不是路的施工，而是路的建设与运营的协调关系，是对这条路运营前景的科学预测与运营管理能力的把控，这是要从一条路全生命周期的角度来考量资金、资源的科学合理配置，以达到更好的建设效果和更佳的运营效益。

解决了拆迁就是解决了难中之难

对修一条38.2公里的高速公路在施工技术上的难度，在整个项目的优选级中并非排在最前，那是因为在中国交通建设行业中国交建可以堪称领军企业，在华北大平原上，修这样一条距离不长、地质环境不算恶劣的高速公路，从技术上来说实在是小菜一碟。但在北京修路还是很难，难就难在除技术以外的所有事情。拆迁、环保、安全，这三大难点就直接考验了“首环高速”公司的领导者，哪个问题解决不好，这路就没法顺顺利利地修下去。

拆迁，这是一个超级头痛的问题，在哪里都一样，而在北京，这个被房价、地价反复洗过脑的城市，人们对于拆迁有着强烈预期的城市，拆迁工作尤其令人望而生畏。项目沿线无论是个人还是单位都对这个项目能给他们带来的好处做了极高的期望，因此拆迁难度非常大，这是个政策性、策略性都极强的事情，加上工期又紧，十分考验“首环高速”公司领导层的政策水平、谈判技巧、综合判断能力，还要具有一定承担责任的胆量。

据了解，全线长38.2公里，红线用地4966.12亩，涉及乡镇6个，村庄35个，产权人1200余户。同时，涉及林地1194.5亩，平原造林769亩，高压、弱电、各类管线等多达295处。

拆迁必须依靠地方政府。公司从一开始就非常重视与地方关系的建设工作，各施工分部积极配合政府各项工作，采取降尘、降噪等各项环保措施，对破坏的地方道路及时修复，解决附近村民部分民生问题，切实保障了附近居民生活不受施工影响，得到政府及当地村民的理解与支持。

同时，公司鼓励征迁人员常驻市各委办局及乡镇政府，与政府及各拆迁服务公司沟通协商，缩短各项手续的审批时间，加快推进征迁拆除工作进程。并依靠政府部门，加大征迁政策的宣贯力度，提前做足被搬迁人思想工作，确保征迁工作启动后，尽快实现大面积签约进地的局面。通过细致的工作，在启动搬迁之前，使当地政府提前进村入户，切实解决被拆迁户的一些政策范围内可以解决的困难，做足被搬迁人工作。并在区政府的现场督办下，较快的完成了民宅的搬迁补偿工作，使搬迁工作速度比传统拆迁大大加快。

在推进会上，李洪义副主任针对各乡镇征拆工作存在的共性问题进行了答疑解惑，明确了下一步的工作目标，他要求：项目公司要抓紧完善各项前期手续；各乡镇应在确保各项拆迁费用支出合理规范的前提下，加快征拆工作进程，按时完成拆迁任务，确保实现年底通车的目标。

张剑副主任要求，各乡镇需统一思想，明确思路，加快出具拆迁补偿安置方案，确保以补偿方案为主导各项工作按流程进行，同时各乡镇需对地上物等进行合理认定，严把控制关。

各乡镇领导分别表达了对“首环高速”征拆工作的高度重视，介绍了目前各乡镇拆迁进展情况，同时就目前拆迁工作中存在的问题与大家进行交流讨论。

“首环高速”公司总经理丁喜红郑重承诺，项目公司会积极主动配合各乡镇政府工作，尊重各级政府部门及当地百姓，多沟通、多协调，确保年底通车目标实现，将“首环高速”打造成精品工程回报社会。

这样多部门、高效率的协调会，从进场以来，定期多次召开，有力地推动了拆迁工作的进展。

“要说复杂也复杂，要说简单也简单，在拆迁问题上，第一，我们严守政策这条线，严格按政策执行；第二，我们严守法律这条线，我们自己遵纪守法也用法律武器保护自己；第三，我们有足够的耐心和诚意，有想法可以随时谈，合理要求一定会考虑；第四，我们应政府号召，为百姓解决一些实际困难，配合拆迁工作，加快拆迁速度；第五，实在碰上漫天要价的钉子户，我们也会想各种办法来解决。他们不仅这么说，也是这么做的。如拆迁时遇到一个单位承包的公交车站加气站，我们多少次上门跟他们谈拆迁的事宜，人家就是不跟我们谈，我们预感到他们可能会要价很高，果不其然，等后来他们商量好了跟我们谈时，要价远远超过政策和我们承受的能力，而且态度强硬不可商量。在多次交涉无果的情况下，我们联系公交公司，他们修改了线路，公交车站搬走后，加气站也就没有存在的意义，随着周边拆迁工作的完成，他们也觉得当钉子户意义不大，以后的拆迁补偿谈判就顺利多了。这样的事情，很多很多，遇到真正的钉子户，我们又绕不过去，那就只能通过法律来解决，法院判什么结果我们执行什么结果。对于愿意配合我们拆迁的个人，我们也给予一定的奖励，让人家心理平衡，高高兴兴地搬走。

北京有着最严格的环保要求

环保，在大城市施工时必须面对和认真解决的问题，好在“首环高速”远离城市核心区，环保压力不算很大，但也不能放松环保要求。除了按照水利部工程水土保持方案的批复、北京市环境保护局工程环境影响报告书的批复所要求的事项严格执行外，作为央企、国企的代表，自身就对环保的要求很高，在一些没有明确要求的环境保护方面，也自我加压。比如所有进出施工场地的车辆，除了都要有毡布覆盖外，还要经过几百米的冲洗喷淋区，保证车辆不给沿途增加污染物和遗撒物，同时所有露出土的地方，全都使用覆盖物覆盖，确保不产生扬尘，这样做既保护了环境，也有利于施工人员的身体健康。

北京市这几年对于雾霾的治理力度很大，一旦发生雾霾天，工地就要一刀切地停工，好在老天也在帮忙，从去年冬天到今年春天，容易发生雾霾的时间里，并没有发生严重的雾霾，使施工能按计划正常进行。

在“首环高速”整个施工过程，无论是对临时用地的绿化、生活污水垃圾的处理，还是沿途声污染的治理、遗撒物预防等，都做到了事无巨细一一落实，把小事做成了品牌，赢得了沿线居民的好感与尊重，施工期间有关部门和公司没有接到一次环保方面的投诉和举报。

无安全不生产

建设“首环高速”，公司给与安全生产极高的位置，树立安全第一的生产理念，常抓不懈坚持始终。公司设立了安全部，安全部的职责是按照《北京市公路工程平安工地标准》要求各部门各施工单位严格执行；强化全覆盖动态安全培训教育，提高全员安全意识；明确安全管理目标，确保安全职责落地；深入开展大型、特种机械设备、临时用电、防坠落等专项活动，勤抓严管，最大程度消除隐患与杜绝违章指挥、违章作业及违反劳动纪律；梳理安全管控重点，强化监管职能；大力推进安全生产标准化，创建平安工地精品工程。

公司副总经理安全总监张拓然认为，必须从全国和北京市安全生产环境的大局，结合这项工程高度的政治性与崇高的使命感来认识安全工作的重要性，从安全管理方面，强调安全规章制度必须建立健全落实到位；安全保证体系必须加强维护运转到位、依法合规；安全职责必须明确执行到位。要以争创北京市“平安工地、精品工程、鲁班奖”为目标，深入贯彻“一岗双责、党政同责、失职追责”的安全理念，严防死守安全底线与事故红线，确保安全目标顺利完成。

为了强化安全生产，公司进行了各种督查、检查。节假日期间的安全生产工作是最薄弱的，也是最易发生突发事件与安全事故的重要时期。所以一到节假日，尤其是五一、国庆这样的长假期，公司就组织若干安全检查组深入到各个施工开工点进行检查，重点检查施工作业人员的入场安全教育、特种作业人员持证上岗、防火、防坍塌、防坠落等安全防护设施。检查组采用“现场抽查，现场提问，现场核对，现场确认”的方式，进行全面检查，同时检查组对全体参建队伍提出五点要求：一是全国各地的安全形势非常严峻，尤其是首都北京，各参建单位主要负责人必须要认清形势的严峻性，坚守安全红线与底线；二是重要节假日是安全管控的重中之重，各级负责人必须要严格落实领导带班制度，深化责任落实，切实形成安全生产齐抓共管的局面；三是以方案交底落实为根本，加强安全风险识别与防范，狠抓现场隐患的排查与治理；四是遵章守法，把安全生产工作摆在首要位置，切实做好规范动作；五是完善应急预案，做到准备充分、防范到位、责任到人。

公司和各施工单位举办了各种各样的安全生产活动，安全活动基本上贯穿在整个施工期。比如2017年6月，公司召开以全面落实企业安全生产主体责任为主题的“安全生产月”活动启动会，公司总经理丁喜红要求全体参会人员共同学习《中共中央国务院关于推进安全生产领域改革发展的意见》，提出四点要求：一是高度重视安全生产的重要地位，坚决把安全生产当作首要任务来抓；二是坚持以人为本，重点关注一线施工作业人员的生活起居，关爱农民工身体健康；三是加强风险分级管控措施，从源头开展安全风险评估，从根本上降低安全风险；四是进一步加大安全生产绩效考核与奖罚力度，激发全员的安全责任意识，全面提高安全生产水平。

2018年6月15日，公司与北京市道路工程质量监督站共同开展了以“行动起来，减轻身边的灾害风险”为主题的安全生产宣传咨询日活动。

机械伤害是工程建设中常见多发的五大伤害之一，公司安全部组织大家学习《特种设备安全法》与《建筑起重机安全监督管理规定》等法律法规的主要内容，并根据近几年挖掘机、装载机、起重机、叉车与龙门吊等事故案例，分析讨论事故发生的原因与预防措施，及时地为大家敲响了警钟，并提高了预防机械伤害的能力与安全思想意识。

各施工单位也开展了诸如“班前十分钟安全教育”、观看安全警示教育视频、组织开展“临时用电”安全知识培训、“我当一天安全员”主题共青团活动、“收心保安全”青年座谈会、“安全发展”主题宣讲活动等，确保安全工作时时提醒、时时抓。

由于全公司上下对于安全生产的高度认知，牢固树立了“首都安全无小事和隐患就是事故”的风险理念，以充分落实安全职责为核心，以大力开展“平安工地”标准化建设为抓手，以推进安全风险管控与事故隐患排查治理为重点，从严从实从细地深入开展各项安全生产活动，积极营造浓厚的安全氛围，顺利完成了整个项目安全生产“零伤亡”的目标。

PPP为项目质量保驾护航

项目建设期一年半，特许经营期25年，“首环高速”公司要在这个项目上运营26年多，如此超长的运营期，意味着项目从开始的第一铲土起，就要把工程质量放在首位，必须从项目的全生命周期来考虑项目的质量、成本等所有要素，而PPP模式恰恰为项目的全生命周期提供了坚实的保障。

百年大计，质量第一，更何况有25年经营的压力，“首环高速”公司对质量要求更是严上加严，用施工企业的话，“那是一种不容置疑的严格”。“首环高速”公司编制了各项制度，确保质量保证体系正常运转。质量管理目标是“项目分项、分部、单位工程质量标准均为合格，确保市优工程”。在项目建设过程中，重点抓质量保障体系建立及运转、质量预控、过程控制、严格验收等，确保一切按合同、按规范、按图纸进行施工和管理。

“首环高速”公司为了严把质量关制订了《首都地区环线高速公路（通州—大兴段）工程质量管理办法》，并严格按此办法检查各施工分部和监理的质量保障体系及其运转情况。制订了《首都地区环线高速公路（通州—大兴段）工程监理考核办法》，重点对人员的能力和过程中的管理行为进行考核，确保过程控制。组织在岗试验人员能力测试，并不定期对试验室人员数量、工作台账及设备情况进行检查，确保试验室的正常有效运转。认真组织设计交底，不定期组织设计人员到现场指导检查工作，以便及时发现问题并纠正，确保施工严格按照设计要求。严格落实首件制，确保各施工工艺达到质量要求。加强技术方案的管理，对较大危险性工程，由公司组织专家评审和现场检查验收。加强对质量通病的管理，要求各分部编制《质量通病防治措施》。根据实际工程地质情况，对软基处理和预防路基沉降等问题，公司组织了专家研讨会，并根据试验段情况编制了《路基施工作业指导书》。要求各分部编制了《冬季施工保障措施》，要求监理和施工分部做好混凝土浇筑和养生期的温湿度检测工作，并组织三方现场检查。不定期组织质量分析会，对过程中发现的质量问题进行总结。组织现场观摩会，提高各作业队伍的质量意识。制订了《首都地区环线高速公路（通州—大兴段）工程“精品工程”评选办法》，提高各施工单位的质量意识和积极性。通过一系列制度和措施，确保了项目工程质量，也把自觉的质量意识，深入到每一个人。

针对该项目重载交通的特点，项目采用强夯、CFG桩、软基换填砖渣、砂砾等提高路基填筑质量，各分部分项工程一次性通过交工验收。根据打造绿色公路及节能减排要求，太阳能、LED照明等低碳节能措施与设计理念被广泛采用，“首环高速”公司统筹兼顾，从运营角度向设计提出要求，合理投入，优化设计方案，为今后运营打好坚实的基础。公司组织开展高新技术课题12个，申报了北京市“结构长城杯”，评审专家到现场检查并给予好评。

工程竣工后，有关方面对工程质量的总体评价是：各项主要技术指标均满足设计和规范要求，达到合同文件规定的质量等级及质量目标。这样一个质量可靠、高标准的高速公路路段并入了前期已经通车的路段，为“首环高速”全线通车画上了一个完美的句号。

科技之光闪耀在“首环高速”

“首环高速”(通州—大兴段)工程起点为北京市大兴区采育镇韩营村南侧市界，与河北省廊坊市段规划线位相接，线位折向东北，终点为北京市通州区西集镇赵庄村北侧市界，与河北省北三县段规划线位相接。全线设互通式立交7座（其中枢纽型立交3座，一般型立交4座），分离式立交8座，特大桥梁4座（含跨越北运河、潮白河特大桥2座）。大兴区包含采育高架、京沪互通。通州区包含采育高架、京津互通、永乐店特大桥、京津公路互通、北运河特大桥、京哈互通、潮白河特大桥。

尽管“首环高速”是在平原上施工，没有特别险恶的地质地貌，但它要穿越重要的公路、铁路干线，还要跨越多条河流，解决国防光缆、高压电力及管线密布等复杂问题，这一切都要靠科技的力量和新技术应用来解决，因此整个项目始终闪耀着科技之光。

主要的科研内容和新技术应用有：

北运河特大桥钢混组合梁技术研究，钢混组合梁施工难度高，后期维护费用低，工期短，造型美观。

建筑废弃物填筑高速公路路基施工技术研究，减少了建筑废弃物的堆放空间，节约土地约44亩。公路工程施工对地材的需求量巨大，对建筑废弃物进行加工利用将释放宝贵的土地资源。同时在工程建设过程中，建筑废弃物替代路基取土可以减少建设期内的临时占用土地成本，改善环境。建筑废弃物的再生利用后，避免了建筑废弃物中有害物质对周围土壤和水资源的污染，解决了建筑废弃物随意倾倒的现象，保护了区域环境。

平原地区大型梁场标准化建设技术，智能湿控雾化喷淋养生系统与传统养生系统相比节省人工费用，与传统钢模相比每套芯模周转次数高约20%，采用该项研究成果从现场物料周转、平行流水施工、报验流程的缩短大大加快梁场施工进度,功效提高10%。

盘扣支架运用研究，盘扣式脚手架因为盘距规范，配合灵活，可调顶托底座配合后可以作为不同跨度和各种断面形式的桥梁支撑。盘扣式支模系统自重轻，连接盘距离大，工人体力消耗少，节省劳动力成本。且整个盘扣式脚手架可以实现整体吊装和拆除，合理配合吊装带，使用更方便。

新科技的运用，不但提高了效率，减少了损耗，降低了成本，更使工程质量得到了有效的提高，为建一条高品质高速公路提供了保障。

在PPP契约精神下审视项目

作为有着25年契约的超长时间项目，这是对各方契约精神的考验，PPP的精髓也在于契约精神。按照投标文件、PPP合同和现代企业“三会”制度，各方大股东及时组建了“首环高速”公司经营班子、设置各职能部门。各大股东方按照合同的要求履行自己的责任与义务，这就为项目的顺利实施奠定了坚实的基础，“首环高速”开工前各方就按要求资金到位、人员到位、设备到位，避免了因某一项工作没有得到落实而使工程进度拖后腿。契约精神减少了许多人为的干扰与阻碍，用韩董事长的话：“PPP条款就是我们的法律”，各方按合同办事，提高工作效率，减低了项目违约的风险。

同时，中国交建联合体、首发集团两大股东时刻关注项目进展，询问需求，积极给予鼓励和指导。

以PPP合同要求去看项目，视野广度、认识深度就会大不一样。在PPP模式下，中国交建多年的乙方身份变化了，在“首环高速”，他们除了是乙方，同时还是甲方，还是投资方，集三方于一身，这样的身份，使他们考虑问题的方式完全发生了变化。

韩董事长说：“PPP真是个好东西，它让我们考虑问题更加全面，不仅注重现在，更要考虑未来，它能让我们以路的全生命周期来考虑成本，这样如果为了今后运营，现在需要加大投入，那就毫不犹豫地投下去，这在以前是不需要我们这样想的。而且有25年的运营期是我们要负责的，工程施工也是我们做的，想想看，我们对工程质量的要求会把控得多么严，可以这样说现在对于工程质量的要求已经到了苛刻程度，这就是为了在今后25年的运营中，不留隐患、不存死角。同时作为出资人，我们也要综合考虑投资回报及资金的合理使用，比如我们成立专门的班子精心策划投资的控制使用，研究怎样合理地降低税费。同时严格财务审计，一单一审，并引入第三方审计。”

在PPP模式下身份“不单纯了”，如今既是承包人，也负责组织生产，连设计都要参与，几种身份绑在一起了。也正因为如此，许多技术工作可以“前置”，譬如技术的选型、把关、指导，原来的甲方毕竟了解得不透彻，即使同样的工作内容，如今比原来的甲方更实际、工程内容可以更优化，同时也就节省了成本。过去施工中出现问题，要经过几个环节才能反映上去：施工方意见—监理—甲方—设计方，有时会耽搁很长时间，影响施工进度。现在具有了甲方身份，流程快了，可以“一竿子插到底”，监管力度比以前大。譬如有一个合同段出现冬季混凝土养生温度不够、造成墩柱开裂的情况，如今可以要求合同段立即推倒重来，没有任何商量的余地，因为按照PPP规定的年限，起码要考虑25年的运营期，要负历史责任。还有一座桥，原设计为钢梁结构，投资巨大。反复考虑后立即优化了设计方案，最后节省了1亿多元。这就是组织模式改变给工程管理带来的变化，也有利于施工质量的提高。

因为PPP合同的缘故，工期的经济账与契约完工时间就格外引人关注。韩董事长说："过去我们中交是工程的施工方，是乙方，征地拆迁由甲方负责，不关我们的事，拆不完，就不干。现在不同了，银行贷款30亿元，拖一天就要多付一天的利息。尽管现在拆迁工作越来越难，但是我们这条路的拆迁进度却比较快，这个快，与机制有关，调动了大家参与的主动性，许多事情都抢在前面，工作效率显著提高。同时PPP合同建成完工的时间，就是我们工作的目标时间，我们有履行契约责任和义务。"

由于不再是单纯的乙方身份，对于"首环高速"公司的工程技术人员和工程管理者来说，观察问题的视野和角度、思考问题和解决问题的方式，均会超越以往的局限，从而使综合思考能力、全局观、战略观都得到了极大的提升，看问题的方式方法也更加成熟、全面。

工期不但有经济账更是政治任务

尽管只有38.2公里，但全线要在18个月内通车，从零起步，这样短的工期，对于新成立的“首环高速”公司而言，绝对是个考验，但这是必须完成的任务。

2018年6月20日，参加“首环高速”建设的一公局四分部组织一场读书交流会，所读的书是阿尔伯特·哈伯德的作品《把信送给加西亚》，讲述了19世纪美西战争中的一个关于忠诚、敬业和执行的传奇故事，一位名叫罗文的英雄接到麦金莱总统的任务去给加西亚将军送一封决定战争命运的信，他没有任何推诿，而是以其绝对的忠诚、责任感，创造了奇迹完成了这件“不可能的任务”。他的事迹100多年来在全世界广为流传，激励着千千万万的人以担当无畏、高效执行的意志品质，积极主动完成任务。参加读书会的职工深受激励，纷纷表示今后要学习和发扬罗文精神，做一个勇敢的“送信人”，完成公司交给的任何任务。他们不知道的是，在一年多前，韩董事长和他的管理团队已经成为了“送信人”的角色，他们以使命必达的勇气接下了按期完成“首环高速”的建设任务。

在整个项目的建设环节，工期成为了各方最为关注的事情。2017年3月15日在“首环高速”驻地召开的首次生产推进会上，一公局董事长、党委书记都业洲对公司全体职工提出五点要求：一是要认清国家形势要求，贯彻京津冀一体化国家战略部署，助力北京城市副中心建设，明确目标、狠抓落实，按时完成建设任务;二是要做好“三换”，即做好从施工单位到法人、业主、建设单位的思想转换，做好以质量、安全、价值创造为目标的工作方法的转换，做好概算控制与评价体系的转换以确保投资收益；三是要加强资源配置，整合力量，互通有无，做到“五问责”，即问责进度，问责质量，问责安全，问责经营成果，问责环保；四是处理好几个关系，即处理好项目公司与股东的关系，总承包部与项目公司的关系，总承包部与分部、与局对接部门的关系；五是要围绕年底主线通车的目标任务为中心，将党建工作深度融入生产经营，加强党组织的自身建设，充分发挥党组织的战斗堡垒作用和党员先锋模范作用。

在这五点要求中，有四点与工期有关，在“五问责”中，问责进度排在了首位，可见对于工期，是多么的重视。因为工期，不光有经济账要算，更有着政治任务的要求。

这是个事关北京城市副中心的建设和北京市政府搬迁的重要政治任务。根据北京市2018的工作部署及通州区2018政府工作报告，2018年继续加快推进城市副中心建设，提升城市副中心管理水平。建设城市副中心，城乡环境建设、大气污染治理是重中之重。

“首环高速”建成后，将替代六环路货运的功能，使得北京的过境交通尤其是货运交通转移至外围地区，这将有力地支持城市副中心大气污染治理，同时分流车辆密度，对缓解首都交通压力和改善空气质量都有着积极作用，今后六环路的使命将是更好地为城市副中心服务，而近期主要为市政府搬迁创造良好的交通条件，这是件刻不容缓的政治任务。

从远期来看，“首环高速”是京津冀协同发展交通一体化重点实施项目。它将在京津冀多个重要城市间形成快速连接通道，与多条高速公路放射线形成网络，为京津冀协同发展提供交通支撑。国家发展和改革委城市中心交通规划院院长张国华表示，该条高速公路的建设有利于促进北京周边地区产业的发展，对北京非首都功能的疏解具有积极意义。

首都环线高速公路成环后，可以将承德、廊坊、固安、张家口、崇礼等节点城市一一串联起来，有专家表示，这对推进京津冀一体化进程以及疏解北京过境货运交通具有积极作用。该专家还表示，当北京新机场建成后，首都环线高速公路的一部分将成为沟通新老机场的陆路干线，成为两座机场之间最便捷的走廊。

对于韩国杰和他的团队来说，建设任务已经如期完成，他们正在整装待发，去迎接新的挑战。

PPP的25年契约从现在开始

2018年8月20日，北京的各大媒体都在报道同一件事情，“首环高速”贯通，京津冀协同发展提速！

“首环高速”贯通后，直接的问题就是运营问题，“首环高速”公司的领导团队早在今年年初就已经开始考虑了运营问题。

“首环高速”公司总经理丁喜红说，公司成立运营筹备工作小组，以“战略合作、互利共赢、节约成本”为原则，多次同北京市首发集团领导及运营管理部门沟通对接，并与北京市首发集团运营管理团队共同赴重庆、贵州等地，对中交内部的高速公路运营管理情况进行了调研。了解运营各项业务、理清管理思路，做好管理架构顶层设计，制订运行高效、责任明确的规章制度和工作流程。

要了解运营，还必须全面了解一下“首环高速”PPP合同的要点。

首先依据政策法规的许可，承担过国内外重大道路工程建设的中国交建经北京市交通委员会批准取得特许经营权，经招投标程序，成为符合项目要求的社会投资人。

之后，首发集团作为政府投资人代表与中国交建组建了“北京首都环线高速公路有限公司”。其中，首发集团代政府出资30.57亿元作为政府方投入的项目资本金，中国交建作为社会投资人出资31.82亿元作为项目公司的注册资本。由此，首发集团股权占比49%（不参加项目公司的利润分配及风险或债务承担），中国交建股权占比51%。

由于“首环高速”属于国家高速公路网立项的建设项目，交通运输部提供约30.57亿元车购税补助资金，其余资金由项目公司通过商业银行融资解决。该项目总投资122亿元，政府指定单位对项目建设运营实施监管责任。

项目运营期自2018年7月1日至2043年6月30日，共计25年。特许经营期满后，项目公司需将

“首环高速”无偿移交给北京市交通运输主管部门或其指定单位。

特许经营期内的特许经营权包括高速公路收费权、沿线广告牌以及加油站经营权。

25年经营期，以按国家标准收取高速路通行费为主要回报收益。

从“首环高速”PPP合同要点，可以看出其“风险共担，利益共享”的社会投资人，必须是有社会责任而非急功近利的、有雄厚资本且能扛得起风险的、有专业人才和以往有过出色业绩的大型或特大型企业来一起合作参与。

作为自带30多亿元投资的“中交联合体”代表，韩董事长现在考虑的是如何能确保公司的这笔投资安全收回并能增值，不存在任何潜在的或者显在的风险。他认为中国交建首先着眼的不是经济利益，而是在北京地区的战略布局。

在首发集团这边，也希望国有资产能够顺利地保值增值，能够看到苦心经营的PPP项目获得“利益共享”的成功。

PPP的美妙与禁忌

在北京市目前有多个交通方面的PPP项目，因此北京市交通委员会曾经专门比较过PPP合作方式相对传统投资模式的优势：

一是通过社会化引资，有效控制了地方性政府债务规模，缓解了当期政府财政投入压力，政府可以统筹资金投入到更多的非经营性公益设施建设。

二是通过充分竞争，“约定通行费”明显降低，有效地降低了传统模式下的运营成本，同时也降低了政府财政的中长期支付压力，充分体现出PPP模式提高公共服务效率的优势。

三是政府可以从繁重的事务中脱身出来，从过去的基础设施公共服务的提供者变成了监管者，通过制订履约考核体系，保证公共设施服务效率和服务水平。

四是通过公开招标，择优选取的社会投资人，政府部门和社会资本可以取长补短，发挥各自优势，弥补对方身上的不足，形成互利的长期目标，以最有效的成本为公众提供高质量的服务。

显然在“首环高速”项目上，PPP的优势显而易见、充分发挥。

不过，另有学者发表了其他的观点：随着经济的发展，社会对基础设施交通需求量越来越大，如何建设、利用这类公共设施的问题迫在眉睫。我国多年来一直采取政府全部包办的形式进行建设，但巨额的投资大大加剧了地方政府财政负担，导致其他项目滞后拖延，究其根本还是融资模式单一。有人以“首环高速”为例，算过一笔账：首发集团代表政府出资30.57亿元，占“首环高速”投资总额122亿元的25%。以此类推，如果既往政府以100亿元修一条路，那么采取PPP模式，保持25%占比，这100亿元可以修建四条路。对于政府而言，PPP模式的优势在于，可以“以少做多”。于是，在某些偏远省份，PPP高速公路项目一哄而上，导致财政部发文紧急叫停，以规避超高的地方债务风险。

首发集团方面特别强调了有关PPP项目的几个“不适用”：旧路改造不适用于PPP模式；里程短、规模不大的项目不适用PPP模式；不收费的公路或高速路不适用PPP模式。

此外，国务院国资委针对一段时间内PPP项目爆发式增长、品类参差不齐的现象，为防控国有资产流失风险，规定了几个“不能投”：资产负债率高于85%的，不能投；连续两年亏损的企业，不能投；不承担施工任务的，不能投；PPP投资额占净资产40%以上的，不能投……

看来PPP模式是美妙的，它可以让政府花更少的钱办更多的事情，但它也有它的禁忌，不按规矩出牌、超出自身能力水平，都将是悲剧，而真正做好了将是什么模样，目前因为时间还短，还没有哪个项目完成了它的全生命周期，因此作为第一批实操PPP项目的“首环高速”就成了万众瞩目的对象，一种创新模式是否成功大家还将拭目以待。

早在半年前，韩董事长就开始思考“首环高速”建成通车后，如何有效运营的问题。是招聘、培养一支高速路收费队伍、还是委托专业的首发集团“代管”？合同文本中对“首环高速”未来车流量的估算，在实际运营中会出现多大程度的误差？这也是他最担心的，还有未知的风险是什么，还有多少，这都是他所深思的。他还担心在政策和操作层面，整个团队对于PPP业务的研究不够深入，公司全员对于顺利高效完成PPP项目的专业技能和知识储备需要加强。

他深知，他现在所做的一切将涉及和影响交通行业乃至整个社会对PPP模式的信心。

每一个成功者，必须有一个自己的开始，勇于开始，勇于创新，才能走向成功。既然中国高速公路PPP开始的责任与重担已经落在了“首环高速”公司全体员工的肩上，这样的历史选择，尽管有挑战更是光荣，历史将由他们书写，如此机遇可遇不可求！

调研指导

（以下照片按时间先后排序）

2017年3月16日，北京市路政局副书记钟志敏（前排左二）到首环项目督查工作，首环高速公路有限公司总经理丁喜红（右三），首环高速公路有限公司副总经理樊辰辉（前排左一）陪同

2017年5月20日，北京市道路质量监督站站长周绪利（左一）到首环项目检查工作，首环高速公路有限公司副经理陈大川（右一）陪同

2017年6月16日，北京市交通委员会路政局党委书记郭卫亮（左三）参加首环高速在一局四分部开展的“安全生产宣传咨询日”活动，安全监管与应急处处长孙荣山（左二），首都环线高速公路有限公司董事长、党委书记韩国杰（左一）陪同

2017年10月19日，北京市路政局平谷分局副局长王志国（左一）一行到首环二、三分部观摩指导

2017年11月4日，北京市交通委员会党组书记、主任周正宇（前排左一）到首环高速公路调研指导

2017年11月25日，新疆维吾尔自治区交通运输厅党委书记李宏斌（左二）一行到首环高速项目调研，首环高速公司党董事长、党委书记韩国杰（左三）陪同

2018年1月22日，北京市交通委员会主任周正宇（前排右二）带队到首都地区环线高速项目现场调研，首发集团副总经理李振国（中排左一），中交一公局董事长、党委书记都业洲（前排右一）陪同

2018年6月7日，北京市交通委员会路政局副局长张新海（前排右一）到一公局二分部开展调研

施工过程检查

（以下照片按时间先后排序）

2016年12月15日，首环高速公路有限公司总经济师李儒天（左二）带队到商品混凝土拌和站考察

2017年3月14日，首环高速公路有限公司监事会主席王礼旺出席首环高速公司首次生产推进会

2017年3月31日，首环高速公路有限公司董事长、党委书记韩国杰（右二）为优秀共产党员表彰颁奖

2017年4月27日，首环高速公路有限公司副总经理张拓然（左四）带队到预制梁场大检查

2017年5月9日，首都环线高速公路项目公司董事长，党委书记韩国杰（左二）带队调研

2017年6月8日，首发集团副总经理李振国（左三）莅临首环高速一公局四分部

2017年8月11日，路建副总经理刘章瑜检查指导工作

2017年8月15日，中交一公局党委书记、董事长都业洲（左二）到一公局五分部检查指导项目建设工作，首都环线高速公路项目公司董事长，党委书记韩国杰（前排左三）、总经理丁喜红（右二）陪同

2017年9月30日，中国交建集团董事长、党委书记刘起涛（中排右一）检查首环高速项目安全生产情况，中交一公局董事长都业洲（中排右二），中交路桥建设有限公司董事长、党委书记弓天云（后排右一），首都环线高速公路有限公司董事长、党委书记韩国杰（中排右三），首都环线高速公路有限公司总经理丁喜红（前排左一）陪同

2017年11月2日，首环高速公司党委书记、董事长韩国杰（右一）与中国建设银行北京安慧支行党总支书记、行长赵亮（图中）开展联学共建活动

2017年11月8日，首环高速公路有限公司总工鞠加元（右一）带队路基验收

2017年11月19日，首环高速公路有限公司副总经理樊辰辉（右一）督查各施工分部施工进度及环保工作

2017年11月，首环高速公路有限公司总会计师王世军（右二）组织财务会计核算

2017年12月19日，首环高速公路有限公司总经理丁喜红（右二）陪同北京市交通委路政局局长孙中阁（前排左二）检查指导安全生产工作

2018年3月11日，首环高速公路有限公司副总经理边海滨（左一）督导全线拆迁工作进展情况

2018年3月20日，中交路桥建设有限公司董事长弓天云（前排右一）深入工地指导

2018年5月7日，首环高速公路有限公司副总经理晏一龙（左一）检查路建一、二分部现场

2018年10月12日，首环高速公路有限公司副总经理荆艳会（图中）陪同泰国将军到首环高速观摩调研

2018年11月9日，首环高速公路有限公司副总经理董理（图中）组织全线排查

媒体采访

（以下文章按采访时间先后排序）

2017年4月17日，首环高速公路有限公司副经理陈大川现场接受央视记者采访

CCTV4【中国新闻】：首都地区环线高速公路年底成环

2017年4月17日，中国中央电视台中文国际频道《中国新闻》栏目报道了首都地区环线高速公路（通州—大兴段）工程建设情况，首环高速公司副总经理陈大川在中交一公局二分部永乐店高架桥施工现场接受记者采访。

首都地区环线高速公路（通州—大兴段）全长38.2公里，是全长940公里的首都环线高速公路位于北京境内的一段，京津高速公路、京沪高速公路、京哈高速公路都将通过这条高速公路实现连接，该高速公路将采用双向六车道标准建设，设计速度每小时120公里。

陈大川副总经理向记者介绍了首都地区环线高速（通州—大兴段）的工程规模和意义，表明了对完成年底主线建成通车目标的决心，并表示其建成后，首都环线高速公路全线将贯通成环。为两区、六镇未来的长远规划服务，按照目前的审批方案，全线共有27座桥梁，其中有枢纽型立交3座、互通式立交4座、特大桥梁4座（含跨越北运河、潮白河特大桥2座），全线桥梁长度约19公里，大约6000个桩基，桥梁长度占到了全线的50%左右。

国家发改委城市中心交通规划院院长张国华表示，该条高速的建设有利于促进北京周边地区产业的发展，对北京非首都功能的疏解具有积极意义。

首都环线高速公路成环后，可以将承德、廊坊、固安、张家口、崇礼等节点城市一一串联起来，专家表示，这对推进京津冀一体化进程以及疏解北京过境货运交通具有积极作用，北京新机场建成后，首都环线高速公路的一部分将成为沟通新老机场的陆路干线，成为两座机场之间最便捷的走廊。

面对年底主线通车的目标任务，首环高速全体参建员工会以饱满的热情，高标准、高质量地将首都地区环线高速打造成精品工程，贯彻落实京津冀协同发展战略，助力北京城市副中心建设，不断提升中国交建在北京的品牌竞争力。

2017年5月24日，京津冀三地交通广播记者团实地采访首都地区环线高速公路工程，首环高速公路副经理陈大川（左二）接受采访

京津冀三地交通广播记者团实地采访首都地区环线高速公路工程

京津冀三地交通广播围绕“京津冀交通一体化”联合开展系列采访报道活动，2017年5月24日，记者团到首都地区环线高速公路中交一公局一分部施工现场进行实地采访，采访内容包括公路建设、客货运输、轨道交通、民航交通等领域的“一体化”进展和成效。首环高速公司副总经理陈大川及该合同段项目经理贾远辉接受记者采访。

陈大川向记者介绍了首都地区环线高速公路的工程规模、重点难点以及建设意义，并表示其建成后，首都环线高速公路全线将贯通成环，记者团向该合同段项目经理了解了工程建设情况。

首都地区环线高速公路（通州—大兴段）全长38.2公里，是全长940公里的首都环线高速公路位于北京境内的一段，京津高速公路、京沪高速公路、京哈高速公路都将通过这条高速公路实现连接，该条高速公路的建设有利于促进北京周边地区产业的发展，对北京非首都功能的疏解、推进京津冀一体化进程以及疏解北京过境货运交通具有积极作用。当北京新机场建成后，首都环线高速公路的一部分将成为沟通新老机场的陆路干线，成为两座机场之间最便捷的走廊。

2018年1月10日，首环高速有限公司副总经理荆艳会接受北京电视台采访

北京电视台：首都“大外环”进展顺利

2018年1月10日，北京电视台、北京交通广播记者到首都地区环线高速（通州—大兴段）工程实地采访，首环高速公司副总经理荆艳会现场接受记者采访。

首都地区环线高速公路（通州—大兴段）全长38.2公里，是全长940公里的首都环线高速公路位于北京境内的一段，京津高速公路、京沪高速公路、京哈高速公路都将通过这条高速公路实现连接，该高速公路将采用双向六车道标准建设，设计速度每小时120公里。

在北运河高架桥和京哈互通立交施工现场，荆艳会向记者介绍了首都地区环线高速（通州—大兴段）的工程规模和意义，他说到，首都地区环线高速公路的建设一方面将北京以及承德、廊坊、固安、张家口、崇礼等节点城市一一串联起来，对推进京津冀一体化进程有着巨大助推作用；另外，能够使得北京的过境交通尤其是货运交通转移至外围地区，对缓解首都交通压力和改善空气质量都有着积极作用；而且，北京新机场建成后，这条环线高速的一部分将成为沟通新老机场的陆路干线，成为两座机场间最便捷的走廊。随后，北京交通广播记者向中交一公局三分部项目经理侯代英详细了解了北运河高架桥的建设情况。

自2016年12月23日开工以来，备受关注的首都“大外环”——首都地区环线高速公路（通州一大兴段）工程经过一年的紧张施工，一段段路基经挖填、夯实，已基本成形；一座座高架桥、立交桥横跨路河，已初具雏形，工程主体已经基本完成。截至2017年底，全线路基工程累计完成约50%，桥梁工程累计完成约90%，累计完成投资约78.55亿元，占概算总额121.6亿元的64.6%。

“一会三函”模式助力项目开工提速

首环高速项目满足北京市“一会三函”的条件，中标后项目公司迅速与北京市交通委员会和首发集团对接前期手续，在取得“一会”和“两函”（设计方案和前期工作函）的基础上，于2016年12月22日迅速取得了施工登记意见书，取得了合法开工手续，并于12月23日实现提前开工，随后在项目建设过程中，陆续取得工可批复、初步设计批复和环评批复，“一会三函”创新举措让高速建设开工的时间提前了近一年。

及时融资保障工程建设进展顺利

按照项目招投标结果及批复，首都地区环线项目总投资（估算）为121.6亿元，其中：资本金62.05亿元，交通运输部提供车购税补助资金30.57亿元，项目融资28.98亿元。但因交通运输部车购税补助资金不能及时到位和近50亿元的资本金要到2017年底以后才能到位等影响，原计划融资额不能满足工程需要。为此，首环高速项目做出了60亿元的长期贷安排，以保障项目资金运转。经多方比对，最终选定中国建设银行安慧支行作为贷款方，利率为基准利率下浮10%。截至2017年底，项目建设资金累计到位695838万元，其中资本金累计到位408150万元，银行贷款287688万元。

政企合力突破征地拆迁难题

首都地区环线高速项目是北京市的重点工程，工期紧，社会影响力大，拆迁时间非常紧迫。全长37.94公里，红线用地4966.12亩，涉及乡镇6个，村庄35个，产权人1200余户。同时，涉及林地1194.5亩，平原造林769亩，高压、弱电、各类管线等多达295处。

在政府各级部门的支持以及全线征迁工作人员的共同努力下，自2016年底进场至今，已实现进地施工37.4公里，完成总数的98%，取得了突破性的进展。全线涉及的弱电、燃气、输油等行业管线已基本完成迁改工作。相关手续的办理工作也在有序地推进中。目前，通州段建设用地规划许可证已于2017年底获得批复；林地使用手续已上报国家园林局，全线平原造林等移植工作已全部完成。

倒排工期全力以赴加快施工进度

首环高速项目受制于建设工期短及北京独有的政治环境等外部条件制约，施工生产压力极大。项目公司每月根据剩余工程，编制详细的年度、季度、月度及旬施工计划，合理配置资源，综合施工组织管理，对超过工时要求的工序进行原因分析并及时解决。并有效借助北京市交通委、路政局、质量监督站等政府部门的监督力量，加强监理单位和施工单位管理力度，同时项目公司还建立了包保和夜巡制度，项目公司领导每人包保一个施工分部，每天安排一名领导带队对全线进行夜巡，确保工程安全质量和进度。

安全文明施工保障工程有序推进

首环高速的建设牢固树立了“首都安全无小事和隐患就是事故”的政治和风险理念，以充分落实安全职责为核心，以大力开展“平安工地”标准化建设为抓手，以推进安全风险管控与事故隐患排查治理为重点，坚决遵照“党政同责、一岗双责、齐抓共管、失职追责”的原则，从严从实从细地深入开展各项安全生产活动，积极营造浓厚的安全氛围，顺利完成了2017年度安全生产“零伤亡”的目标。

多方考察超前谋划筹备运营工作

按照投资协议及中标通知书要求，首环高速项目将于2018年6月进入运营阶段。首环高速公司从2017年10月份开始提前谋划后期运营管理工作，多次同北京市首发集团领导及运营管理部门沟通对接，并在11月初与北京市首发集团运营管理团队共同赴重庆、贵州等地，对中国交建内部的高速公路运营管理情况进行了调研，同时结合首环高速自身特点，初步制订了后期运营管理的组织机构和方案，目前各项工作正在积极筹备中。

面对今年六月底完工的目标任务，首环高速全体参建员工一定会以饱满的热情，高标准、高质量地将首都地区环线高速工程打造成精品工程，贯彻落实京津冀协同发展战略，助力北京城市副中心建设，不断提升中国交建在北京的品牌竞争力。

2018年3月28日，首环高速有限公司副总经理荆艳会接受北京电视台《京津冀大格局》栏目播报首环高速最新进展

北京电视台《京津冀大格局》栏目播报首环高速最新进展

2018年3月28日，北京电视台财经频道《京津冀大格局》栏目播报首环高速最新进展情况，该栏目组于数日前到首环高速京哈互通立交、潮白河特大桥等施工现场进行采访，公司副总经理荆艳会接受记者采访。

荆艳会在向记者介绍中指出，目前首环高速桥梁主体工程已经基本完成，现正在进行桥面系施工，路基工程已完成70%，4月初开始路面摊铺施工，预计今年6月30日就能建成通车，届时首都地区环线高速公路将全线贯通。首都地区环线高速公路的功能是货运通道和过境车辆通道，它将有效缓解首都地区车辆的过境压力，对改善周边地区空气质量也有着积极作用。

首都环线高速公路全长940公里，途径河北省张家口、涿州、廊坊、承德，以及北京市大兴区、通州区和平谷区等地，将把多条出京高速公路放射线连接起来形成网络，它的建成将为京津冀协同发展提供交通支撑。首都地区环线高速公路的建成开通，还将把城市副中心与新机场直接进行外部连接。

2018年7月3日，北京电视台等媒体记者到首环高速实地采访

北京电视台等媒体记者到首环高速实地采访

2018年7月3日，北京电视台、北京交通广播记者到首都地区环线高速(通州—大兴段)工程实地采访，首环高速公司副总经理荆艳会在京哈互通立交接受记者采访。

首都地区环线高速公路(通州—大兴段)全长38.2公里，是全长940公里的首都环线高速公路位于北京境内的一段，京津高速公路、京沪高速公路、京哈高速公路都将通过这条高速公路实现连接，该高速公路将采用双向六车道标准建设，设计速度每小时120公里。

荆艳会向记者介绍了首都地区环线高速(通州—大兴段)的工程概况、进展情况以及社会意义，他说到，首都地区环线高速公路(通州—大兴段)工程是规划首都地区环线高速公路(G95)中的重要组成部分，是京津冀协同发展交通一体化重点实施项目，路线全长38.2公里全线采用双向六车道高速公路标准建设，设计速度每小时120公里，路基宽度34.5米。目前工程实现全线贯通，目前正在按照国家高速公路网要求完善标志标牌，并办理交工手续，计划7月底具备通车条件。

该项目为政府与社会资本合作（PPP）项目，估算总投资约122亿元，项目实施机构为北京市交通委员会，社会资本方经公开招标方式确定为中国交通建设股份有限公司、中交第一公路工程局有限公司及中交路桥建设有限公司联合体，项目法人单位为项目实施机构与社会资本方组建的北京首都环线高速公路有限公司，负责该项目的建设、经营和养护管理，特许经营期25年内，收取车辆通行费作为投资回报，经营期满后将无偿移交北京市政府。

该项目连接三路两河(三路是京津高速公路、京沪高速公路、京哈高速公路，两河是潮白河、北运河)，为了横跨的两个区将来的长远规划服务，全线共有23座桥梁，其中有枢纽型立交3座、互通式立交4座、特大桥梁4座，其中两座特大桥跨越北运河、潮白河。全线桥梁长度约19公里，占全线长度近一半。项目绝对工期仅1年半时间，自2016年12月23日开工以来，面对项目工期紧、任务重的形势，首环高速全体参建者众志拼搏、攻坚克难，在有关政府的正确领导下，以“先易后难、重点突破”为原则全力推进征迁工作，面临着工期超前紧张的重磅压力，项目倒排工期，系统化开展施工管控，施工现场实行24小时不间断作业；牢固树立“首都安全无小事，隐患就是事故”的风险理念，以创建北京市公路工程“平安工地”为目标，全面系统的开展各项安全管理工作；针对首都地区交通车流量大、社会影响及舆论压力大的特点，项目公司提前谋划，提前启动运营筹备工作，了解运营各项业务、厘清管理思路，做好管理架构顶层设计，通过股东会、董事会和党委会等会议，确定了各项运营工作的业务范围及运营期项目公司组织架构。

埃塞驻国大使馆参赞阿萨耶·阿乐麦尤·德哲尼到首环高速考察

2018年8月1日，埃塞俄比亚联邦民主共和国驻我国大使馆参赞阿萨耶·阿乐麦尤·德哲尼到首环高速进行考察，首环高速副总经理荆艳会、局海外事业部陪同。

阿萨耶·阿乐麦尤·德哲尼一行深入首环高速现场，听取了副总经理荆艳会对工程概况、整体建设以及贯通运营情况的介绍，并参观了京津互通。他表示，首环高速一年半工期的成果惊喜，通过首环高速的访问，也再次了解了中交一公局的业务情况及综合实力，对工程品质表示高度赞扬。

副总经理荆艳会代表参建职工表示，对埃塞俄比亚驻中国大使馆参赞表示热烈的欢迎。埃塞俄比亚是非洲东部重要国家，局高度重视埃塞俄比亚市场。今后工作中，全体参建职工将戒骄戒躁、继续努力，打造精品工程，树立良好形象，为企业争光，为埃塞俄比亚建设做大贡献。

多家媒体报道
国家高速公路网在北京的最后一条“断头路”打通

2018年8月20日，备受关注的首都地区环线高速公路（通州—大兴段）正式通车运营，并于上午12：00正式向社会车辆开放。标志着国家高速公路网在北京的最后一条“断头路”打通，对于加快推进京津冀一体化，完善北京东部路网，强化北京与河北等地交通联系，完善国家和区域高速公路网，改善区域交通条件，促进沿线经济社会发展均具有重要意义。

北京电视台、北京晚报 、北京青年报、新京报、北京新闻广播 、北京电视台 、中新社北京分社、新华社北京分社 、法制晚报、北京日报 、北京晨报 、京郊时报 、北京交通广播等媒体现场采访报道。

首都地区环线高速公路（通州—大兴段）总投资约122亿元，全线38.2公里一年半建成，是“十二五”以来北京市建设最快的高速公路，也是“十三五”以来北京市首个实现通车的PPP项目。

首环高速开工以来，备受社会各界和上级领导的关注和支持。中央电视台、北京电视台等多家媒体多次聚焦首环跟踪报道。8月20日上午11:00，北京市交通委、发改委、公安交管局、路政局、通州区政府、首发集团、中国交建投资部、中交一公局集团、中交路建等单位主要领导赴首环高速公路指导检查项目开通前准备工作，中午12：00整，首环高速公司总经理丁喜红在监控中心宣布通车。

首都地区环线高速公路（通州—大兴段）工程是规划首都地区环线高速公路（G95）中的重要组成部分，是京津冀协同发展交通一体化重点实施项目，路线起自通州区西集镇赵庄村北侧冀京界，接已建成的首都地区环线国家高速公路河北香河段，经永乐店、漷县、于家务、采育等，止于大兴区采育镇韩营村南侧京冀界，接已建成的首都地区环线国家高速公路河北廊坊段，全长38.2公里，全线采用双向六车道高速公路标准建设，设计速度每小时120公里，路基宽度34.5米。

首都地区环线高速（通州—大兴段）工程连接三路两河（三路是京津高速公路、京沪高速公路、京哈高速公路，两河是潮白河、北运河），为了横跨的两个区将来的长远规划服务，全线共有23座桥梁，其中有枢纽型立交3座、互通式立交4座、特大桥梁4座，其中两座特大桥跨越北运河、潮白河。全线桥梁长度约19公里，占全线长度近一半。

为什么建设速度如此之快。

PPP模式大大加快了项目建设速度

首都地区环线高速（通州—大兴段）工程绝对工期仅1年半时间，是“十三五”期间北京首个实现通车的PPP项目。项目从招标、签署协议到建设阶段，都验证了PPP模式的高效。首都地区环线高速（通州—大兴段）通过社会投资人招标选定中国交通建设集团、中交一公局、中交路建组建的联合体，与政府出资人代表首发集团共同组建项目法人公司，其中社会资金占51%、政府占49%，由项目法人公司负责该项目投资、建设及运营管理，特许经营期25年内收取车辆通行费作为投资回报，经营期满后将无偿移交北京市政府。在这样的模式下，不仅缓解了政府筹集资金的压力，也保证了高效的管理水平，中交集团作为央企，也将先进经验和丰富资源带到了北京，使首外环成为“十二五”以来北京市建设最快的一条高速路。

与时间赛跑全力以赴如期交工

2016年12月13日收到中标通知书后，项目迅速完成前期策划、总部及各分部驻地和场站建设。2016年12月23日工程顺利开工。在极大的工期压力下，要与时间赛跑，而且必须保证质量安全。冬季施工预制梁场采用蒸汽锅炉养生；墩柱、现浇箱梁用电热毯、柴油热风炮等举措保温；路基填筑采用炮渣石。2018年3月19日，公司召开“决战首环、决胜通车”劳动竞赛动员大会。这次大会统一了思想，坚定了信心，提振了士气，吹响了决胜通车的冲锋号。项目公司始终贯彻“进度制胜”指导思想，坚持问题导向原则，坚持现场动态管控。全体参建单位顾全大局、服从指挥。全体参建人员惜时如金、争分夺秒。项目建设克服党的十九大、全国两会及空气重污染预警期间停工等多重困难，2017年日均产值达987万元，2018年高峰时日产值突破4000万元。数字背后沉浸的是汗水，彰显的是责任，诠释的是企业的契约精神。

政企合力突破征地拆迁难题

首都地区环线高速项目是北京市的重点工程，经通州、大兴两区，红线占地4956亩，涉及乡镇6个，村庄51个，国防光缆、高压电力及其他管线密布。面对工期紧、拆迁量大的严峻形势，项目注重与区、镇政府及有关部门和基层工作人员沟通，征求相关部门同意后，在前期手续批文不及时的情况下积极沟通，先行进地施工，为项目施工及时提供了“地”的保证。2017年10月，项目征迁工作取得突破性进展，进地达到80%，为全线大规模展开施工创造了条件。项目征迁工作得到了北京市交通委、两区政府的认可，为其他项目树立了标杆。

百年大计质量第一

百年大计，质量第一。PPP项目建设运营是一家，质量要求更严格。项目公司编制了《质量管理办法》《监理考核办法》《精品工程评选办法》等制度，确保质量保证体系正常运转，各分部分项工程一次性通过交工验收。公司组织开展高新技术课题12个，申报了北京市“结构长城杯”，专家到现场检查并给予好评。根据打造绿色公路及节能减排要求，太阳能、LED照明等低碳节能措施与设计理念被广泛采用。项目公司统筹兼顾，从运营角度向设计提出要求，合理投入，优化设计方案。在建设中主打四项新技术：钢筋笼滚焊机加工技术、喷淋养生工艺、桥梁预应力智能张拉系统和智能压浆系统。其中，钢筋笼滚焊机加工技术与传

国家高速公路网在北京的最后一条“断头路”打通

统施工方法相比加工速度快、工作效率高，在多个钢筋笼搭接时，节省了吊装时间。桥梁预应力智能张拉系统，消除了人工张拉中测量精度较低的问题，保证了桥梁结构安全和耐久性，降低了桥梁全寿命周期成本。

首都安全无小事

公司牢固树立“首都安全无小事，隐患就是事故”的风险理念，大力开展“平安工地”创建达标工作，顺利通过北京市“平安工地”创建考核。全力打造预制箱梁外观质量、现场安全文明施工、施工便道、梁场信息化管理、钢筋加工场、涉路、涉河施工等7个标准化示范点，狠抓安全防护设施与安全用品投入，明确标准，推广典型。2017年度安全生产与应急管理工作在北京市交通路政行业综合考核中以91分位列第一名，实现了工程建设零伤亡的目标。

加强投资管控保障股东收益

公司以投资估算、概算为依据，编制全面预算费用策划，系统开展投资控制工作，全力维护股东权益，保障投资收益。公司及早签署出资协议，协调各股东出资，均已完成100%。2017年4月公司与中国建设银行北京安慧支行签署了额度为60亿元的贷款协议，利率按基准下浮10%执行，降低了融资成本。项目车购税补贴29.61亿元，已全部到位。“三项资金”的及时到位有效地保证了项目建设资金需要。公司按增值税简易征收方式，税务、政府、参建公司积极配合，建设期实际税负低至2.1%，可作为“首环模式”在其他PPP项目推广。

多方考察超前谋划筹备运营工作

首环高速公司从2017年10月份开始提前谋划后期运营管理工作，多次同北京市首发集团领导及运营管理部门沟通对接，公司运营管理团队赴重庆、贵州等地，对中国交建内部的高速公路运营管理情况进行了调研，同时结合首环高速自身特点，初步制订了后期运营管理的组织机构和方案，目前各项开通前准备工作已经全部就绪。

筑就长青基业，离不开担当精神。首环人一路走来，众志成城，攻坚克难。在各级政府和上级单位的正确领导下，在全体参建单位的支持努力下，以空前的团结、饱满的激情和昂扬的斗志打赢了建设期这场鏖战！

北京市交通委路政局副局长李亚宁一行到首环高速开展中非论坛期间安全保障工作专项督查

北京市交通委路政局副局长李亚宁一行到首环高速开展中非论坛期间安全保障工作专项督查

2018年8月30日，北京市交通委路政局副局长李亚宁带队公养处、计划处、项目中心人员一行到首环高速开展中非论坛期间安全保障工作专项督查，四不两直，深入一线，查找风险隐患及薄弱环节。公司总经理丁喜红、副总经理樊辰辉、副总经理兼安全总监张拓然陪同调研。

调研会上，公司总经理丁喜红就首环高速当前运营情况及存在困难作了简要汇报，并表明了学习态度与任重道远决心。公司安全部将运营安全管理工作及中非论坛期间安全保障工作情况进行了详细汇报。从动员部署、组织机构建立、签订责任书、培训教育、安全隐患排查治理及应急保障等方面阐述了具体工作开展情况。李亚宁副局长听取汇报后，充分肯定首环工作成绩，对顺利进入通车运营表示祝贺。他强调指出：一是首环高速地理位置特殊，两端处于市界，安全应急维稳与防恐工作任务艰巨，要高度重视，落实举措，做实做细相关工作；二是尽快与路政局各处室建立联系机制，建立健全运营管理相关制度；三是做好一年一度的北京市年度高速公路评比工作准备；四是将建设期高质量高标准作风与精神融入到运营工作中。

总经理丁喜红表示，希望路政局领导及各部室多关注帮扶首环运营工作。公司将上下联动，齐心协力，尽快完善基础工作，稳步推进运营工作的开展。

第三章 创新篇

Chapter 3 Innovation

走进PPP

在中国，很少有道路工程在尚未竣工通车之前，便得到如此“高规格”的待遇：

2018年6月21日晚，黄金时段的CCTV《新闻联播》，播出《首都“大七环”月底具备通车条件》；

当日，CCTV2《经济信息联播》也以快讯形式播出《首都“大七环”月底具备通车条件》；

当日，CCTV中文国际频道在《中国新闻》节目中，以“新闻观察”的多个视角，播出《首都“大七环”月底具备通车条件》；

除此，央视网、搜狐网、中国网连同《北京晚报》《新京报》《河北日报》等一众媒体也纷纷报道了这一重要消息……

如果说，这一波新闻效应源于北京市发改委精心组织几十家媒体到“大七环”的通州—大兴段现场采访，属于“官宣”范畴，那么，北京市民乃至整个中国天南地北的老百姓，早在几年前，就在脑海中描摹出了“大七环”的构图——那个“说相声”的岳云鹏将与之相关的歌曲唱成了“代表作”，唱得大江南北妇孺皆知：

啊——
五环
你比四环多一环
啊——
五环
你比六环少一环
终于有一天
你会修到七环
修到七环怎么办
你比五环多两环

这首《五环之歌》流传甚广，乃至两年前的

2016年春夏时节——得知“大七环”破土动工的消息，便有文章在搜狐、百度贴吧等网站上流传：“小岳岳预言成真，北京七环你比五环多两环！”，更有随贴“再没谁了！只有北京才有这样任性的大七环！”。文章写道：“都说人走运时，随便说句话都能成真”，“没错！七环的预言成真了，且来得太快措不及防，当我们还没有把六环看透的时候，七环就这么来了”。

……

应该说“大七环”生逢其时，甚至可以说，“大七环”是含着金钥匙出生的——娱乐的渗透力量加上新闻的轰动效应，使其在尚未竣工通车之前，便成为中国道路工程中的“名品”——一条享誉四方的“明星路”。

“大七环”，正在成为北京乃至整个京津冀地区道路交通的“高频词”。

“云从龙，风从虎”，因了“大七环”，未来的华北大平原必将如虎添翼，成为傲骄于祖国腹地的经济、民生、战略交通要道。

你好啊，大七环！

建设大七环　探索“PPP”

距北京城区东南方向大约50公里处，通州区漷（音：火）县镇，北运河畔，一处宽敞的院落里，迎面一栋紫红色的三层楼房，楼顶的大字“牌号”分外打眼：北京首都环线高速公路有限公司。

院落正中央，桅杆高耸处，五星红旗居中的三面旗帜在2018年的夏风中翩翩舞动，拱卫在五星红旗两侧的分别是北京市首都公路发展集团有限公司（简称首发集团）和中国交通建设股份有限公司（简称中交建）的“司旗”。

如果旗语可以解读，那么大致可以理解为：这个大字招牌的“北京首都环线高速公路有限公司”，正是在中华人民共和国法规政策的统领下，首发集团作为政府投资人代表与中国交通建设股份有限公司联合成立的项目公司。

这是一次不同寻常的合作。

这是一次有益的探索与实践。

站在宽敞的院落里，手指这栋紫红色的三层楼房，首都环线高速公路有限公司党委书记、董事长韩国杰笑着说：“首环高速是PPP项目，这三个P，就像三个人排成一队，每个人都是独立的，但是要想一起办大事，三个人必须统一步骤，要一条心。在PPP模式下，我们多年的乙方身份变化

了，我们同时还是甲方，还是投资方。”

“几种身份绑在一起”，工程布局可以“前置”，项目管理“一竿子插到底”

2016年10月我们租用了这栋楼房和院落，从项目前期的各项准备，到中标后与首发集团谈判联合组建项目公司、讨论合同文本的细枝末节，基本都是在这栋楼里进行的。在长达两个月的时间里，楼里常常通宵达旦，灯火通明，各方都据理力争，互不相让。

韩总认为，正是由于前期筹备工作扎实、充分，所以工程上马之后一切都按部就班地展开。“只是在征迁个别单位用地时有些扯皮，需要出面协调，其他环节都从容、有序，更没有因为建设费用着过急。”

于是，血糖数值偏高的韩总常常在傍晚时分到北运河岸边散步。前面不远处便是耗资2.1亿元的北运河高架桥，那也是首都大七环的重点监测工程，公司的青年志愿者团队也常来大桥工地清理垃圾，保护河道环境。

北运河水倒映着天光云影，也在无声地诉说着漕运历史的兴衰。这大运河两岸自古便是繁华盛地，漕运曾经支撑着明清两代“财政收入大半壁江山”，与此同时“清政府每年要拨1000万两白银用于治理河道淤塞”。然而，到了内忧外患、经费拮据、弊窦丛生、复行海运呼声高涨的光绪二十七年（1901年），清政府遂令停止漕运……

其实古今中外的国家工程，都会不同程度地受困于“官银”的有限。而今，在耗资122亿元的大七环建设过程中，韩总和他的同事们之所以“没有为钱着过急”，那是因为采用了一种新型的投融资和管理运营方式——PPP（Public-Private-Partnerships）模式，按百度百科的解释：PPP模式，即政府和社会资本合作，是公共基础设施中的一种项目运作模式。在该模式下，鼓励私营企业、民营资本与政府进行合作，参与公共基础设施的建设。

PPP的定义显得有些“字话”，如果用项目合同段经理们比较直白的大实话说，这北京的工程，要求严格，分分秒秒都得照章办事。同时，自始至终从没有出现过拖欠工程款、拖欠农民工工资的事情。

兴延高速“开先河”
大七环却后来居上成“第一”

在韩国杰董事长的办公室里，一幅“长卷”式的《首都地区环线高速公路（通州—大兴段）工程》图表占据了一面墙壁。在既往的近两年时间里，他和公司的领导层、与各项目部的经理们成百上千次地讨论工程图上的道路走向、征迁进度、互通式立交桥的安全穿越……

就在2018年这个异常炎热、整个华北地区都处于高温炙烤模式的夏季，双向6车道、设计速度每小时120公里、全长38.2公里的大七环项目工程如期竣工。墙壁上那条蜿蜒曲折、有红红绿绿标记的纸上图，已经成为一条发散着沥青光泽、巨龙般横卧在京东南土地上的高速公路，使西起大兴区采育镇韩营村南侧京冀界、东至通州区西集镇赵庄村北侧京冀界的38.2公里高速公路，一头牵手廊坊、另一头挽起香河，成为促进京津冀协同发展、京津冀交通一体化的黄金大通道。

由此，将于2019年启用的大兴新机场，增添了一个东北方向的进出通道。

由此，位于通州区的首都城市副中心建设将迎来期盼已久的交通“减压”，早已不堪重负的东六环，也将得以喘息，实施改扩建计划。

由此，北京外环真正“环”起来了。

其实，在首都北京的筑路工程历史上，这条路还有另一层意义：首都地区第一个建成通车的高速公路PPP项目。

“其实，兴延高速公路才是首都地区高速公路第一个公开招标、引进社会资本的PPP项目”，首发集团新闻发言人介绍说，兴延高速公路于2015年6月开工建设，工期42个月，计划2018年12月建设完成。兴延高速公路起点在西六环兴隆口，向北经过昌平到达延庆，全程42公里，项目投资估算约140亿元。

兴延高速公路是北京市和张家口市联合申办2022年冬奥会举办权的重要保障工程，也是2019年在延庆区举办北京世界园艺博览会的重点交通工程。由于兴延高速要穿越多个隧道，“一米一米地打通，施工难度大，工期长”，于是，2016年12月开工建设的大七环便后来居上，成为北京市高速公路“第一个建成通车的PPP项目”。

新闻发言人曾经全程参与了兴延高速公路PPP项目的招投标工作和项目公司的组建谈判，因此，为大七环PPP项目的开展积累了可资借鉴的经验。

他介绍了大七环工程采取PPP模式的一些具体环节和数字。

首先政策法规依据是：2014年，国务院明确提出鼓励通过政府与社会资本合作模式吸引社会资本参与基础设施投资，《北京市城市基础设施特许经营条例》也有具体的规定。承担过国内外重大道路工程建设的中国交通建设股份有限公司经北京市交通委批准取得特许经营权，经招投标程序，成为符合项目要求的社会投资人。

之后，首发集团作为政府投资人代表与中国交通建设股份有限公司组建了项目公司：“北京首都环线高速公路有限公司”。

其中，首发集团代政府出资30.57亿元作为政府方投入的项目资本金，中交建作为社会投资人出资31.82亿元作为项目公司的注册资本。由此，首发集团股权占比49%（不参加项目公司的利润分配及风险或债务承担），中交建股权占比51%。

由于首环高速属于国家高速公路网立项的建设项目，交通运输部提供约30.57亿元车购税补助资金，其余资金由项目公司通过商业银行融资解决。政府指定单位对项目建设运营实施监管责任。

项目运营期自2018年7月1日至2043年6月30日，共计25年。

特许经营期满后，项目公司需将首环高速（通州—大兴段），无偿移交给北京市交通运输主管部门或其指定单位。

特许经营期内的特许经营权包括高速公路收费权、沿线广告牌以及加油站经营权。

25年经营期内，将以按国家标准收取高速路通行费作为主要回报收益。由此可知，这样一单PPP，其“风险共担，利益共享”的社会投资人，必须是有社会责任而非急功近利的、有雄厚资本且能扛得起风险的、有专业人才和响当当业绩的大型或特大型企业。

中交建拿下了这一单。

据说在山西、云南等地，中交建均参与了当地的PPP项目工程。

正是在这样的背景下，中交建一公局副局长韩国杰，受命出任联合组建的北京首都环线高速公路有限公司党委书记、董事长。他说，这是整个中交集团在北京的第一次。

甲方？乙方？在角色“变身”中超越

没有见到韩总之前，就听说了他的一句名言。一位曾经与他共事过的副总经理说：“建设大七环，韩总提出我们要做‘两个模范’。”

“哪两个模范？”

“与政府合作的模范，执行PPP的模范。”

直至见到他本人，第一印象是温和、从容、淡定，完全没有豪气干云的范儿。

很自然地话题就扯到了PPP，韩总说：“我感觉这三个P，就像三个人排成一队，每个人都是独立的，但是要想办大事，三个人必须统一步骤，要一条心。”

说话间，边海滨副总经理进来同韩总低声地商量着什么——突然想起有人介绍过，边副总是由首发集团派出的，但是冷眼看去，两人神情、语气自然融洽，没有一丝违和感。

回过头来韩总介绍说，之前与边总完全不认识，现在已经一起共事近两年了。“明摆着，我们首环公司一成立就有两个文化：首发的文化和中交的文化，所以这个PPP就要求我们的领导班子成员要互相尊重、互相配合、互相包容，因为我们的目标是一致的。”

这算得上PPP“新解”吧？于是便追问韩总：还有哪些PPP感悟？

“过去我们中交集团一直是工程的施工方，是乙方，征地拆迁由甲方负责，不关我们的事，拆不完，就不干！现在不同了，银行贷款30亿元，拖一天就要多付一天的利息。尽管现在拆迁工作越来越难，但是我们这条路的拆迁进度却比较快，这个快，与机制有关，充分依靠地方政府，调动了大家参与的主动性，许多事情都抢在前面，工作效率显著提高。按照现代企业制度，我们成立董事会、监事会，合同一经签定，PPP就是我们的法律。

作为出资人，我们还成立专门的班子精心策划投资的控制使用，研究怎样合理地降低税费。同时严格财务审计，一单一审，并引入第三方审计。

在PPP模式下，我们多年的乙方身份变化了，我们同时还是甲方，还是投资方，三方都是我。”

项目公司总工程师鞠加元，与韩总持有相同看法。他说PPP模式下中交建的身份“不单纯

了”：既是承包人，也负责组织生产，连设计都要听我们的，“几种身份绑在一起了”。如此，许多技术工作就可以“前置”，譬如技术的选型、把关、指导，原来的甲方毕竟不如我们了解得透彻。即使同样的工作内容，我们比原来的甲方更专业、更实际、工程内容可以更优化，同时也就节省了成本。

鞠总说，过去施工中出现问题，要经过几个环节才能反映上去：施工方意见—监理—甲方—设计方，有时会耽搁很长时间，影响施工进度。现在我们具有甲方身份，流程简化速度快了，可以“一竿子插到底”，监管力度比以前大。譬如有一个合同段出现冬季混凝土养生温度不够、造成墩柱开裂的情况，我们要求合同段立即推倒重来，没有任何商量的余地——因为按照PPP规定的年限，我们起码要考虑25年的运营期，我们对工程要担负起历史责任。

还有一座大桥，原设计为钢梁结构，投资巨大。我们反复考虑后优化了设计方案，最后节省了1亿多元。这就是组织模式改变给工程管理带来的变化，也有利于施工质量的提高。

不再是单纯的乙方身份，对于工程技术人员和工程管理者来说，观察问题的视野和角度、思考问题和解决问题的方式，均会超越以往的局限，从而使综合思考能力与素质，更加成熟、全面。

在这方面，最有发言权的应该就是韩总了。

1982年从西安公路学院毕业，分配到甘肃省工作一段时间后，又返回母校攻读研究生。之后从基层的技术员、科长职位干起，一路努力官至甘肃省交通厅副厅长，主管全省的公路工程设计建设以及重大工程的融资工作。2003年，调入中国交通建设股份有限公司，出任桥梁公司董事长，主持过印度尼西亚跨海大桥的工程设计……

所以，当中交集团决定竞标、拿下北京大七环的PPP项目、派出韩国杰副局长出任“掌门人”时，有人同他开玩笑：集团领导好眼力！知道你是甲方出身，熟悉业主职能，是最合适的人选！

如今，在这个既是甲方、又是乙方，并且自带30亿元投资、兼具“三方”角色的岗位上工作近两年，韩总之所以能够驾轻就熟，很大程度上得益于他丰富的工作履历：“我在甘肃省工作多年，交通工程建设中即做过甲方，也做过乙方，算得上甲方出身。我想过，如果我没有当过甲方，在首都外环的PPP项目建设中，格局就会小，思维方式也不一样。不知道工程项目怎样提前布局，怎样穿插安排工序流程。正是甲方的工作经历，使我从事这项工程时，可以相对轻松一点，工作休息两不误”。

不能一哄而上
PPP项目胜在“以少做多”

早在半年前，韩总就开始思考：首环高速建成通车后，如何有效运营的问题。是招聘、培养一支高速路收费队伍、还是委托专业的首发集团“代管”？

历经兴延高速公路和首环高速两个PPP项目的运作，首发集团新闻发言人也在思考总结：PPP

项目的优点与长处，它的缺点与局限是什么？

虽然角度不同，但是两个人好像都有一个共同的担忧：合同文本中对首环高速未来车流量的估算，在实际运营中会出现多大程度的误差？

在韩总这边，希望中交建的这笔投资，不存在任何潜在的或者显在的风险。他说中交集团即着眼经济利益，更注重整个北京地区的战略布局。

在首发集团新闻发言人这边，则希望国有资产能够顺利地保值增值，能够看到苦心经营的PPP项目获得“利益共享”的成功。

这涉及到行业乃至整个社会对PPP模式的信心。

北京市交通委员会曾经对PPP合作方式比较传统投资模式的优势进行过如下阐述：

一是通过社会化引资，有效控制了地方性政府债务规模，缓解了当期政府财政投入压力，政府可以统筹资金投入到更多的非经营性公益设施建设。

二是通过充分竞争，“约定通行费”明显降低，有效地降低了传统模式下的运营成本，同时也降低了政府财政的中长期支付压力，充分体现出PPP模式提高公共服务效率的优势。

三是政府可以从繁重的事务中脱身出来，从过去的基础设施公共服务的提供者变成一个监管的角色，通过制定履约考核体系，保证公共设施服务效率和服务水平。

四是通过公开招标，择优选取的社会投资人，政府部门和社会资本可以取长补短，发挥各自优势，弥补对方身上的不足，形成互利的长期目标，以最有效的成本为公众提供高质量的服务。

另有学者发表了如下观点：

随着经济的发展，社会对基础设施交通需求量越来越大，如何建设、利用这类公共设施的问题迫在眉睫。我国多年来一直采取政府全部包办的形式进行建设，但巨额的投资大大加剧了地方政府财政负担，导致其他项目滞后拖延，究其根本还是融资模式单一……

有人以大七环为例，算过一笔账：首发集团代表政府投资30.57亿元，占大七环投资总额122亿元的25%。

以此类推，假设既往政府出资100亿元修一条路，那么采取PPP模式，保持25%占比，这100亿元可以修建4条路。

对于政府而言，PPP模式的优势在于，可以“以少做多”。

于是，在某些偏远省份，PPP高速公路项目一哄而上，导致财政部发文紧急叫停，以规避超高的地方债务风险。

正如“不是所有的牛奶都叫特仑苏”，同理，不是有点钱的社会投资人都玩得起PPP。首发集团新闻发言人特别强调了有关PPP项目的几个“不适用”：

旧路改造，不适用于PPP模式。

里程短、规模不大的项目，不适用PPP模式。

不收费的公路或高速路，不适用PPP模式。

此外，国务院国资委针对一段时间内PPP项目爆发式增长、品类参差不齐的现象，为防控国有资产流失风险，规定了几个“不能投”：

资产负债率高于85%的企业，不能投。

连续两年亏损的企业，不能投。

不承担施工任务的，不能投。

PPP投资额占净资产40%以上的，不能投……

PPP模式，的确是一种新型的融资、建设、运营方式。

因此，先期开工的兴延高速路连同首环高速项目，都成为国家发改委、财政部的调研示范项目。

首环高速建设也就承担着探索PPP运行规律的历史使命，总结与反思的目的，是让PPP理性运行。

这是首都地区第一条以PPP模式建成通车的高速公路——官称“首都环线高速公路”、媒体报道和老百姓口中的“大外环”。

在2018年这个蒸腾、炙烤的夏季，首环高速在京东南的蓝天白云下展露英姿。

其在国家高速公路网的编号为G95，人称“环京经济圈”。通州—大兴段的建成通车，使河北省的张家口、涿州、廊坊、承德，以及北京平谷区真正“环”起来，这一个“环”长达940公里，据说相当于北京至西安的直线距离。

一条城市的外环线，竟长达940公里，其“牛气指数”正如网友所说，“再没谁了！只有北京才有这样任性的大外环！”

这是国家实力的交通体现，身受其益的黎民百姓，自然欢欣鼓舞。

首都大外环，状如一尊蟠龙，雄踞祖国的华北腹地。

《易经·乾卦》曰：同声相应，同气相求。水流湿，火就燥，云从龙，风从虎。

壮哉，大外环！

光荣，大外环建设者！

引领　服务　监督　保障

——记首环高速公司党委在PPP项目中的四大作用

熟悉交通建设的基本都知道，在项目公司里建设党的组织是必要的，也是惯例，但一般是建立党支部，有的甚至是党小组。然而，党建在北京首个建成的公路PPP项目——北京市重点建设工程首都地区环线高速公路通州—大兴段工程中却得到了格外的重视，在这个38.2公里的项目中，建立了党委，这在以往的项目中是很少见的。

首环高速公司党委创立于2017年3月15日，作为北京首个公路PPP项目——北京市重点建设工程，京津冀协同发展交通一体化重点实施项目，受到这样的“待遇”自然有其道理。这样做第一是体现了对这项重点工程的重视；第二是保证在PPP项目中，使全体股东形成合力在党委的统一领导下，权益得到充分保证；第三是项目公司党委可以统一组织开展评比检查监督等工作，充分提高工作效率，避免以往工程项目部的党组织都在原单位组织活动的弊端。项目公司党委书记、董事长韩国杰在接受采访时说，实践证明，这种做法确实在实际工作中发挥了很好的作用。

一、项目公司建党委

自项目中标之后，公司即十分重视，除了对项目业务进行了认真的安排以外，还特别强调了要在项目公司建立党委。这在一般的项目公司是非常少见的。这样的考虑也是PPP项目的特点决

定的。第一，可以把党工团的力量形成合力，为项目保驾护航；第二，可以把原本由各股东公司的党组织活动，集中为一个目标活动，既可以围绕项目中心工作，又可以节省时间，提高效率。同时，三级组织机构的有效沟通，也密切了各级关系，使公司的活动更有针对性，更有影响力。更为有利的是，召开党委会时，各股东的党委成员可以充分发表意见，科学决策，使股东权益得到了有效的保障。比如在资金保障方面，公司曾一度缺少流动资金，经党委会决定，暂时由大股东的上级公司借款保证生产。党委会的决定得到了上级公司的大力支持，同意借款，使项目得以顺利进行。党委为项目的资金保障发挥了极大的作用，在工程进度中功不可没。

二、攻坚克难显威力

工程难，难在拆迁。拆迁拆不动，其他工作都无法开展。首环公司公司党委充分发挥PPP项目股东既是施工方又是出资方的优势，在拆迁工作中积极协调政府，主动出击，做拆迁户的工作，使该项目的拆迁工作进度大大提高，以往像这样的工程需要拆几年，而该工程仅用一年就完成了拆迁工作的98%，创出了佳绩。

以往项目公司由于是党小组设置，乡镇的书记是很难见到的，即使见到了，由于关系不对等，沟通不顺畅，效果不理想。而首环公司是党委设置，约谈乡镇书记很顺畅，也有共同话题，比生硬的去谈拆迁问题融洽得多，在业务洽谈之外又多了一条有力的沟通渠道。实践证明，效果非常好，这种做法不仅对拆迁工作，对整个工程的推动和保障都发挥了很好的作用。

为使全体党员在不同的工作岗位上发挥先锋模范引领作用，永葆共产党员先进性，4月26日，首环高速公司党委成立之初，就在中交一公局一分部预制梁场举行了以“中交蓝，党旗红，一名党员一面旗帜”为主题的党员示范岗创建活动启动活动，首环高速公司党委书记、董事长韩国杰，党委副书记、总经理丁喜红，副总经理陈大川、荆艳会，中交一公局桥隧公司党委书记陆士平等领导出席仪式，来自全线各合同段共计70余名党员、职工代表参加活动。

仪式上，韩国杰为各党支部书记授予“党员示范岗”标牌，正式启动了党员示范岗创建活动，根据活动实施方案，全线各合同段将以支部为单位组织开展党员示范岗创建活动，全体党员上班时间要求佩戴党徽，挂牌上岗，长期位于施工一线的党员需佩戴"党员示范岗"红袖标，接受群众监督。

全体党员集体重温了入党誓词，表明了项目"抓好党建促生产"的决心。

此次活动对中交一公局一分部推选出的三名优秀共产党员进行了表彰，他们分别来自项目施工生产、征拆协调岗位和协作队伍，有管理层、执行层也有作业层，面对当前紧张的征拆和施工任务，他们用实际行动诠释了一名共产党员的担当和责任。公司党委将继续以党建工作为引领，紧密结合生产经营工作，又好又快推进首环高速公路建设。

首环高速一公局一分部党支部组织项目全体党员还利用业余时间开展了手抄党章活动。

项目全体党员干部的高度重视此次活动，无比珍惜此次重温党章的机会，积极参与其中。通过此次抄党章活动，不但加深了党员领导干部对党章内容的理解，而且引导了全体党员不断提高思想政治素质、增强党性修养的意识，更增加了对待事业的忠诚度、执着度以及责任感和使命感。

通过一系列活动，让全体党员把自己的身份亮出来，在各自岗位上把良好的形象竖起来，把党员的先锋模范作用发挥出来，把党的建设工作彰显到工程建设中，发挥首环高速公司党委的引领、保障、监督、服务作用，为实现年底主线通车的目标打下坚实基础。

三、思想工作鼓士气

为了更好地完成工作任务，发挥党组织的服务作用，让职工了解国有企业的重大责任，首环高速的重大意义，首环高速党委书记韩国杰亲自到首环高速一公局二分部讲党课

6月28日，为隆重庆祝建党96周年，喜迎党的十九大召开，首环高速公司党委书记、董事长韩国杰在一公局二分部为一线党员讲了一堂以《理清思路，明确方向，扎实做好基层党建工作》为题的党课，首环高速公司、五公司相关领导及来自北京片区项目的共计70余名党员参加了学习。

韩国杰从正确看待国有企业的新定位、充分认识党的领导对国有企业的重要意义、强化企业战略引领、扎实做好基层项目党建工作四个方面进行了讲解。"六个力量"是总书记在新的历史起点上，对国有企业提出的殷切希望，指明了国有企业改革的努力方向，是对国有企业地位作用的最新

表述。实现“六个力量”，最根本的一条就是坚持党的领导，加强党的建设，不断激发国有企业发展壮大的党建活力和动力。他指出，中国最大的国际竞争力是党的领导，国企党建工作的任务是要把党的政治优势、组织优势、群众优势转化为企业发展优势和核心竞争优势，各级党组织要从思想引领、理论学习、文化宣传、法制建设等方面不断加强基层党组织建设。他强调，项目经理和支部书记要分工合作，支部书记要把好方向，发挥监督职能，保障经营生产，并解决好职工的思想问题。

全体党员听后深受鼓舞，五公司总经理马骏作表态发言，承诺全体党员干部职工将认真学习，深刻领会此次党课精神，加强基层党组织建设，促进生产经营各项工作有序发展。

在首环高速，党建还与实际工作紧密结合服务于工程项目。如3月31日，首环高速公司在中交一公局二分部永乐店高架桥施工现场召开首件墩柱盖梁观摩暨优秀共产党员表彰大会，会议旨在表彰先进、树立典型，以标准化施工推进首环高速公路建设。

公司党委书记、董事长韩国杰，副总经理陈大川、张拓然、晏一龙陪同出席，各施工分部，总监办相关领导、技术员、安全员、协作队伍负责人及党员代表共计70余人参加活动。

观摩团一行参观了中交一公局二分部永乐店高架桥首件墩柱、盖梁的外观质量以及现场安全标准化建设。

韩国杰书记代表公司党委为中交一公局二分部推选出的三名优秀共产党员颁发了证书。

这些优秀共产党员来自于项目施工管理、征拆协调和协作队伍等不同岗位。韩国杰书记对项目生产进度、现场标准化建设表示肯定，并要求各分部以此为标杆，加大征拆协调力度，加强现场质量、安全和文明施工管理。

韩国杰书记强调三点内容：首环高速是中交集团在北京地区的首个PPP项目，全体职工要齐心协力，坚定信心，确保完成年底主线通车目标；各党支部要将党建工作与施工生产紧密结合，切实发挥党组织的战斗堡垒作用；全体党员干部要发挥先锋模范作用，讲奉献，做表率。

在首环高速结合实际的表彰、评选活动还有很多，它们有力的推动了工程的顺利进展，为公司正常高速运作把稳了方向。

四、评比检查促廉政

为了使党员始终保持先进性，发挥好党委的

监督职能，首环高速还经常进行党课教育和评比竞赛活动。公司成立不久，6月14日，首环高速公司还专门启动了“支部书记讲党课”活动，由公司党委书记韩国杰亲自讲了第一堂《理清思路，明确方向，扎实做好基层党建工作》的党课。

接着，中交一公局三分部、二分部先后开展党课教育，号召党员结合实际，发挥中交建交融天下、建者无疆发挥钉钉子精神，自强不息，永争第一，把党建工作落到实处。

6月16日，首都环线高速公路开展了以“全面落实企业安全生产主体责任”为主题的安全生产月宣传咨询日活动，活动邀请到北京市交通委路政局党委书记郭卫亮等领导参加指导。郭卫亮书记等领导为首环高速全线的安全生产党员示范岗颁发了绶带，为职工代表发放了安全书籍及安全资料，宣读了安全倡议书，参观了安全体验馆，观看了安全主题视频。

活动主要向首环高速全线的安全管理人员和工人发放了《公路施工安全技术规范》和北京市道路工程质量监督站提供的安全手册、监督手册、监理规范及其细则、品质工程宣传单等安全宣传材料，并采取现场设置咨询台解答问题，通过活动的开展，增强了广大职工的安全生产意识，营造了浓厚的安全生产宣传氛围，为首环高速的安全生产持续健康发展提供了保障。

活动期间，发放宣传资料1000份，点对点咨询100多人次，收到了良好的效果。

4月26日，首环高速公司党委在中交一公局一分部预制梁场举行了以“中交蓝，党旗红，一名党员一面旗帜”为主题的党员示范岗创建活动。

韩国杰为各党支部书记授予“党员示范岗”标牌，正式启动了党员示范岗创建活动，根据活动实施方案，全线各合同段将以支部为单位组织开展党员示范岗创建活动，全体党员上班时间要求佩戴党徽，挂牌上岗，长期位于施工一线的党员需佩戴“党员示范岗”红袖标，接受群众监督。

此次活动对中交一公局一分部推选出的三名优秀共产党员进行了表彰，显示了党建工作在项目中的引领作用。

10月22日，中交一公局二分部举办“测量技能比武”大赛。

经过近3个小时激烈的技能角逐，紧张的专业对弈，评委组依据测量速度和精度两项判定标准为选手们进行综合打分，评选出第一、二、三名，并颁发“测量技能能手”荣誉证书。赛出了气势，赛出了精神。

为深入贯彻落实中央八项规定精神，8月17日，公司党委在党员学习室召开了廉政会议，公司全体党委委员参加学习。

韩国杰书记向大家传达了上级纪委关于廉洁从业的会议精神，要求全体党员领导干部要以身作则，不得接受下级单位的高档宴请，禁止公款购买高档烟、高档酒以及高档礼品。

此次学习会使大家充分认识到廉洁从业的重要性和紧迫性，强化了法纪观念，增强了责任感，为进一步加强公司党风廉政建设，增强廉洁从业意识奠定了思想基础。

在党委的领导下，廉政教育蔚然成风。中交一公局三分部组织召开了“党风廉政建设书籍学习会”。路建二分部组织项目员工观看廉政警示教育片，引导其提高清正廉洁的意识，增强“廉洁文化”的吸引力和感染力，营造浓厚的廉洁文化氛围。中交一公局二分部举办“固本修身，从我践廉”主题演讲比赛。中交一公局一分部党支部召开党风廉政建设宣教会动员会。中交一公局五分部组织全体职工开展廉政道德讲堂，使党员时时自警自省，做到廉洁从业。

五、民主生活效果好

在PPP项目的股东中，既有政府的代表，也有出资方的代表，还有施工方的代表，如何保证各个股东都能充分反映自己的意见，保障自己的权益，这一点在首环公司党委会上得到了很好的体现。

党委会有9个委员，代表3个股东方。首发49%，中交51%，中交一局出任董事长，党委书记，副书记兼总经理，首发任常务副总经理。公司在人员、计划、资金调配、监督、评比、廉政等重大事项上必须通过党委同意，这作为制度明确下来，保证了工程的全程在党委的领导和保障之下，不出重大问题。

为了保证党委会的决策正确，不脱离群众，公司还特别规定了每年一次的党委民主生活会制度，这个会议全体委员必须参加，而且保证面对面，只讲缺点，不讲优点，只提意见，不说表扬，同时规定会议公开，上级领导要来参加，并给党委打分，做出评价。

2018年春节前，项目公司党委民主生活会如期召开，中交集团领导亲自参加，经过评议，公司党委书记被评价为“脸红得不够”，韩国杰书记欣然接受，他认真地说，“大家都是同事，工作也尽心尽力，有些不尽如人意的地方确实也有客观原因，我有时是拉不下脸来，这样是维护了面子，但没有规矩会影响大局，这个批评我虚心接受。”由于大家畅所欲言，不走过场，严肃认真，项目公司党委被上级领导评议打出了95分的高分。同时，也得到了各个项目部和全体职工的高度评价。

用好PPP　共同促拆迁

——首环高速(通州—大兴段)项目中的拆迁工作侧记

拆迁是整体工作中的重中之重，难中之难，是公路建设企业的共识。从政治上说，它政策性强，关系社会稳定；从影响面说，它关系千家万户，牵一发动全身；从工程来说，它关系整个工程进度，纵有千军万马，拆迁没完成不能上场作战；从工作难度上说，拆迁对象有个体，有单位，有河道，有铁路，还有很多是历史遗留问题，每个对象都是特殊的，都需要单独解决，即使有一家不同意，一切工作都无从谈起。

一、成立征迁协调部门，上下联动分级负责

首环高速通大线作为北京首个公路PPP项目，北京市重点建设工程，京津冀协同发展交通一体化重点实施项目，共38.2公里，红线用地4966亩，涉及乡镇6个，村庄35个，产权人1200余户。另外，还涉及林地1194亩，平原造林769亩，高压、弱电、各类管线等多达295处，全线拆迁数量较大。首环高速公司于2017年2月13日成立，而国家发改委的可行性研究报告批复文件将近4月份才正式下达，但该项目的通车时间是卡死的，要求2018年6月竣工通车，工期短，拆迁时间非常紧，其拆迁任务之困难可想而知。

面对困难，首环高速公司领导定下了领导挂帅、完善体系、上下联动、分级负责的工作方针。确定由公司副总经理分管全线征迁工作，并成立征迁协调部门，做为全线征迁工作实施的责任部门，协调各区县政府及相关委办局；各施工分部成立协调部，分部经理作为拆迁主要责任人，配合公司开展范围内征迁工作，并负责协调各村及被搬迁人，尽快实现进地。

为了确保征迁工作有序推进，该项目各级人员上下联动，分级负责，统一思想，明确工作职责，充分利用企业及各分部灵活多变的特性，采用多种途径，强力推进征拆工作。

二、发挥主观能动性，施工单位打先锋

征拆，是一场没有机械的施工大战。在以往的战斗中，施工队伍只是战士，战壕挖好了，只管打仗。如今首环高速是PPP项目，施工单位既是战士，也要考虑全局，包括选阵地、挖战壕。

施工队伍进场初期，公司组织对全线地上物及各类管线进行清登调查，将征迁工作分为地上物搬迁、林地使用、管线迁改三大类。根据各项工作特点安排专人对接跟进，并结合施工特点，制订拆迁计划，明确拆迁时间节点，并严格按照计划执行，对关键路段合理安排、提前谋划。

为保证各项工作快速、平稳、有序的进行，5月16日，首环高速公司主动联系当地政府部门在驻地会议室召开征地拆迁工作阶段推进会。会议邀请到北京市通州区住建委主任、副主任，住建委征收事务中心副主任及漷县镇、西集镇、永乐店镇、于家务乡四位负责征迁工作的副镇长出席，公司领导、协调部及各施工分部相关人员参加会议。

会上，各部门就目前拆迁工作中存在的问题与大家进行交流讨论，做到统一思想，共同努力。

通州区住建委主任对目前各乡镇征拆工作提出了相关要求。各乡镇领导要明确责任，高度重视此项拆迁工作，拆迁过程中态度坚决，严格把关，在相关问题的认定中要严格把控，同时各乡镇应在确保各项合理规范的前提下，加快征拆工作进程，按时完成拆迁任务。住建委征收事务中心领导提出，各乡镇需明确思路、严格把关，六方小组的认定需以各乡镇补偿方案为基本原则，合理认定，完善特殊树种等赔偿标准，各乡镇需对抢栽抢种等相关问题上态度坚决，严格把控。

公司董事长韩国杰对各乡镇涉及的平原造林等问题的解决思路表示认可，并提出征地拆迁等相关费用的支出需在合理合法的前提下进行，并

需保证拆迁等各项工作严格按照规章制度执行。

此次会议的召开，为征地拆迁工作理清了思路，明确了下一步的工作方向，确保了各项工作平稳有序的进行，为加快各项征地拆迁工作起到了推动作用，为年底主线完工打下了基础。

开会并不能解决所有问题，具体工作还需要以情感人，以法服人，还要做深入细致可行的具体工作。

三、开动脑筋，细致工作，以情动人

（一）确定关键工程，快速打开局面

首环高速全线需占用林地面积约1200亩，按规定需上报至国家林业局审批，但由于上报国家林业局需附带项目立项和初步设计批复等手续，初期手续不全，暂时无法上报。为保证通车总体目标的实现，根据林业部门相关文件，并结合施工现状，首环高速公司确定了6个关键控制工程（控制林地面积，北京市林业局批复即可），简化审批手续，对重点段落先行进地启动施工，在北京市政府领导的关注支持下，关键工程林地使用手续获得批复，为关键段落的先行施工打开了局面。

（二）多管齐下，提前拆改

首环高速全线涉及管线数量大，范围广。考虑到大面积进地后，工程施工受到管线改移的影响，为避免连续性施工受到制约，前期，公司对管线进行勘察梳理，与产权单位提前联系、沟通，在确定迁改补偿费用后提前进场施工，确保不受合同签订及资金支付程序的影响。对于亟需迁改的管线，部分产权单位相对强势，各分部通过与产权单位沟通，支付部分押金，与产权单位达成一致，提前改移。

对于规模较小的管线，公司提倡各分部单独与产权单位协商，对涉及到管线支付补偿费用，由分部自行拆改，缩短了审价谈判过程，避免造成工期贻误，增加更多的投入。

全线涉及水井、上水、污水等各类水务设施较多，范围较广，为保障工程施工的连续性，各分部通过与产权人协商，在公司支付迁改费用的前提下，另行支付部分补偿费用，提前组织迁改，在未签订迁改合同的前提下，即全部完成了迁改工作。

（三）各方齐努力，解电力高压难题

在整个拆迁中，电力高压是一大难题。首都

地区环线高速公路沿线高压线共有8处与施工线路有影响，其中共有4条线路。

110千伏及以上高压审批流程与其他管线迁改流程不同，审批时间相对复杂，进场前期需与产权单位发函对接，产权单位委托设计单位出具迁改方案并编制咨询报告，产权单位完成内部评审后，将咨询报告上报至市规委及市发改委审批，批复完成后，与产权单位签订迁改合同，产权单位组织施工前期准备工作。一系列流程时间周期较长无法满足当前的工期要求，110千伏高压迁改能否快速完成，对工程顺利通车起到了关键作用。

考虑到高压迁改工作的手续比较复杂，审批周期较长，公司通过请示北京市交通委相关领导，与市管委、发改委、规委沟通，顺利的将高压迁改纳入“一会三函”项目，在取得前期批复后，可提前进场，缩短了迁改手续的审批时间。同时，为确保迁改工作不受征地拆迁等客观因素影响，我公司派专人常驻市电力公司，熟悉各项流程，寻找优化办法。同时，沟通迁改设计单位，提前取得迁改施工占地图，开展地上物补偿等相关工作，尽可能节约时间。多方努力下完成了迁改任务为顺利通车奠定了基础。

（四）迎着困难上，行动暖人心

实际工作中有许多困难是之前想象不到的，比如项目部中的中交一公局五分部从一开始拆迁，就碰到了麻烦。

走进“拦路虎”

中交一公局五分部主要工程量为潮白河高架特大桥，全长4.085公里，是首环高速全线唯一跨境北京与河北的合同段，也是全线重点控制性工程。

中交一公局五分部全体参建人员前期做了大量准备筹划，研讨实施性施工组织设计，于2017年4月份开始动工。到了9月份，由于赵庄村整体征拆进展缓慢，分部剩余总工程量6%的桩基施工迟迟不能顺利推进完成，严重制约整体进度，工期重压越来越沉重。“赵庄征迁”成了分部桩基施工的“拦路虎”。

马上就召开十九大了，不能再等！10月5日，通州区区长到分部工地调研指导十九大安保工作，并下达了命令，明确提出“要克服一切困难，加快赵庄村的征迁，十九大召开之前务必完成拆迁工作，全线贯通！”

五分部成立了征迁领导小组，项目经理为组长，拆迁副经理为副组长，领导班子及部门负责人全力配合主抓协调征迁。项目书记、安全总监、总工、拆迁主管各就各位，因地制宜，根据赵庄村实际情况制订相应措施，走进赵庄村16家拆迁户，多角度、多层面地将首环高速建设的重大意义及征地拆迁的有关法律法规、政策及补偿标准宣传到村、到户、到民心，开展突破性的工作，进度明显加快。

走进赵庄村

潮白河高架特大桥桩基59号~68号轴经跨涉及赵庄村共13户居民征拆，需迁改的电力、通信管线设施涉及省、州、市7家权属单位。

全线桩基施工重点咽喉卡在赵庄村的征拆。拆迁副经理理清头绪，积极与镇征迁办、村委沟通，带着拆迁主管，两人每天与村民商谈，13家拆迁户，几乎每家每天都蹲点，有的村民今天谈不愉快了，他们就换另一家继续说服去。经过三个多月的努力，初战告捷。涉及的电力、通信管线设施涉顺利达成拆改协议。9月底，拆迁副经理带着电力公司和移动公司人员到村里进行拆改，移动公司负责人握住副经理的手，郑重承诺“我们一定全力配合首环高速的生产建设，我们相信贵单位的一切重要举措都是为了京津冀的发展，我们全力支持！”10月7日，赵庄村移动电缆拆改完成，赵庄村便道打通，意味着全线便道贯通，北京段架梁施工顺利推进。

“工作5年，在首环的征拆工作中压力到心坎。”征拆主管跟书记谈心说，“我们几乎每天都会见面，他们的情绪很多，我也很理解他们。刚开始跟他们讲法律，根本听不进去，大多数是老人，法律知识太浅了，说不通就开始轰我走。大夏天把我关门外一整天，拿着锄头轰我，倒是让我受挫不少。”

负责征迁的副经理代旺旺，是一位很有经验征迁的硬汉，在密涿高速公路项目就负责征迁，对征拆程序熟练，对民风民心也深刻了解。他介绍，赵庄搬迁有不少困难，涉及权属单位拆改也较多。赵庄涉及共7家权属单位拆改，涉及电力、通信等，必须得尽快拆改，才能不耽误北京段运梁架梁施工，同时也是项目迎接十九大顺利召开必须完成的工作。

走近老大难

赵庄老百姓多为原生态老北京人一样，生活并不富裕，恋念旧土。大多数老一辈北京人的思想工作很难做，征拆费达不到要求不仅不搬迁，易怒易乱。而村民的要求又远远高于政策规定的标准。如何在两者之间协调平衡，就需要耐心沟通和理解支持，征迁人员联手村干部挨家挨户走访宣传，和谐文明科学征拆，有的一开始咬牙切齿，到最后都信任成立互相信任的朋友。

负责征迁的副经理代旺旺介绍说，为了争取尽快打通便道运梁架梁，尽管多家权属单位还没全部签订拆改协议，经过多次沟通解释，取得理解和配合，支持我们提前打通了全线便道，保证了工期。

但全线剩余桩基施工，占总量的6%，因为涉及赵庄征拆的第一家迟迟不拆迁，无法推进施工进度。这一户确实也比较特殊,户主家子女较多，对房屋的所有权存在争议，加上一儿子常年当兵在外，无法参与表态，为赵庄13家征拆户的头大难。分部桩基施工仅仅剩下6%（67根），架梁施工就快慢慢赶上了，工期极可能严重耽误。项目组织召开专题会，对此进行专项研究。项目经理到西集镇政府政府、赵庄村村委会多次协商征拆，与村干部一起到村民家唠家常，动之以情，晓之以理，还想办法联系了该户远在他乡当兵的儿子，得到了这位为国奉献的优秀军人支持和理解，终于说服村民签订了协议。

10月15日，赵庄村第一家征拆户拆迁完成，户主一家转愁为喜。随着一个个困难户的搬迁，分部全线征拆开路突飞猛进，桩基、架梁大干逐渐展开，赵庄其余十几户也动员拆迁了，结果拆迁工作在一星期内即告完成，不仅没耽误工期，还为迎接十九大的顺利召开作出了喜人成绩。

截至10月中旬，中交一公局五分部全线征拆进入收尾阶段，累计桩基施工910根，完成总量的94%；架梁施工累计133片，完成总量的14%。

再如中交一公局二分部所在的通州区银杏树段全长6.557公里，在已进地6.18公里后，因部分银杏树未移植致使路基无法进地施工，该段路基最高填方高度8.6米，最低填方高度2.56米，最大填方层数为29层，填方总量约为8万立方米，工作量很大。

为了完成项目公司制定的通车总体工期目标要求，二分部充分挖潜、穿插进行，一方面给公司写报告，如实汇报情况，另一方面计划方案精细到天，给自己加压，倒排工期，如留取绿化、交安、机电工程施工及验收时间15天；水稳施工18天；路缘石安装同水稳养生同时进行；环保、雨施影响工期16天等，最终在公司制定的目标要求前，圆满完成了拆迁任务。这样的例子在各个项目段有很多，正是大家齐心合一，共同努力，为整个工程提供了保障。

四、积累经验，锻炼队伍，成绩斐然

PPP调动了全体股东的积极性，首环公司充分发挥自己的主观能动性，作为投资方直接并且积极参与拆迁工作，既积极找政府及有关部门也直接和企业、个体洽谈，大大提高了效率，也锻炼了队伍。1300多户，6个镇51个自然村，形成了项目公司牵头，政府出标准，工作一起做的合力，使拆迁比以往的工程快很多。到2018年3月，公司已经完成了拆迁工作的98%。

由于多方合力，使得首环高速的拆迁工作取得了极好的效果，整体效率比以往的工程要快一倍以上，出色地完成了具有战略意义的重大任务，得到了各级领导和当地政府的广泛好评。

消防安全是一种责任 为己为家为他人
小心怎会烧赤壁
大意往往失荆州
中国交建

第四章 建设篇

Chapter 4 Construction

屯土屯出高质效 “垃圾”变身好资源

——记首都环线高速公路中交一公局桥隧公司（第一分部）项目部

2018年3月，正值首都环线高速为达成6月30日全线峻工通车目标大干快上的关键时期，但中交一公局一分部桥隧公司项目经理贾远辉却是一脸的淡定从容，没有半点儿紧张不安。要知道，桥隧公司真正进场大面积施工是2017年11月初才开始，中间还隔了个春节假期，满打满算四个多月的时间，到底是什么原因能让他有如此的底气呢？贾远辉的回答更是出人意料，他说,今天这个局面，都是我们“ 等 ”来的！

深谋远虑早屯土，厚积薄发出高效

说起一分部的情况，贾远辉如数家珍。首都环线高速中交一公局一分部工程起点桩号为K11+200（采于高架桥168号墩），终点为北京市通州区永乐镇永三村(桩号K19+915.809)。工程线路全长8.7公里，按单一分部来计算，为全线最长。其中路基6公里，桥梁5座，另有大型互通两座。

在北京施工，拆迁是个大难题，等待几乎成为每个项目经理的必修课。一分部所在的区域几乎全线都是林地，再加上高压线、通信电缆密布，拆迁难度之大可想而知，因此等待更是必不可少。但贾远辉想不到，从2017年4月份开始入场，这一等就是大半年。

换做年轻点的项目经理，这半年等待心都得长了草，但是对于贾远辉来说，这漫长的等待时间，其实提供了更多的积累时间，所谓磨刀不误砍柴功，只要把基础工作做好，后面的时间还是可以抢回来。

贾远辉仔细分析梳理了项目需求，发现6公里的路基用填土是项目进度保障的关键，因此拍板决定，先屯土。

经过统计，一分部项目路基填筑所需土源约180万立方米。这些土如果换在其他省份或许很好解决，但在北京却是天大的难事，因为按照相关规定，北京既有土地一律不得动用。项目所处位置土源本身也很匮乏，没别的办法，只能找。

值得庆幸的是，北京在建楼盘很多，提供了大量的土源。但是，也并非所有的都可以拿来就用，在贾远辉这里，这些土还要过五关才能入选。一是含草皮、垃圾、树根、腐殖质的土不能作为路基填料；二是泥炭、淤泥、冻土、强膨胀土、有机质土及易溶盐超标的土不能直接用于路基填筑；三是液限大于50%、塑性指数大于26、含水率不适宜直接压实的细粒土不能直接用于路基填筑；四是粉质土不能直接填筑于路床；五是土作为填料最小强度(CBR)要达到8%、最大粒径不能超过100毫米。

为防止不合格土源进入备土场，项目部利用各种技术手段检测土源，严控土源质量。功夫不负有心人，过于半年的努力，项目部终于在2017年10月储备了约60%的土源，为工程的顺利进行奠定了坚实基础。另外，由于有充裕的时间对各备土场进行对比，项目部选择了离施工现场最近的三家，从而省去了租用场地的费用，节省了大笔开支。

万事俱备，只等东风。但东风没来，却等来了雨水。眼看11月初就可以进场大面积施工，而备土却因为频繁的雨水而导致含水率过高而不可用，贾远辉又面临着新的考验。

面对困难，项目部积极应对，通过外购优质石灰，采用在土场拌灰等措施降低土体含水率，从而迅速扭转了被动局面，仅用4个月时间就完成

了超70%的工程量，为工程的早日通车进一步夯实了基础。

施工队精挑细选，保安全凝神聚力

除了屯土，贾远辉还干了另外一件大事儿：挑选施工队。而对于施工队的挑选原则，有着二十多年管理经验的贾远辉自有定夺。

首先得诚信、信誉好。在贾远辉看来，能满足项目公司招标条件的队伍水平实力都在伯仲之间，问题都不是太大，因此在硬实力之外，软实力特别是诚信就变得格外重要。以前项目施工没有时间仔细筛选队伍，这次有足够的时间，当然要精挑细选。通过反复遴选，果然发现有些队伍夸大业绩，有些队伍口碑不佳，而对于这种情况，贾远辉则一律弃用，提早规避了后期施工可能带来的风险。

其次要本地队伍，资源人脉广。之所以要北京本地队伍，是因为北京队伍长期在京施工，对各项政策了解清晰，工人适应性强。而资源人脉要广，是因为北京施工抢工期是常态，干活见缝插针，就要求队伍能够适时调配人员，关键时候顶得上，闲时不堆人。

事实证明，贾远辉的选择是明智和必要的。在2018年春节前夕，桥基征地突有进展，需要进行底部施工。思家心切的近百名农民工毅然决然退掉好不容易才刷到的返家车票，直到底部施工全部完毕才乘坐大巴回家，而这时距离年三十儿就差几天。如此给力的表现，令贾远辉感动不已，同时也为之前几个月的队伍筛选感到十分满意和庆幸。

当然，满意归满意，对于施工队伍的管理特别是安全管理，贾远辉一点儿也没放松。鉴于项目工期紧、任务重，各施工队大量、集中人员进场施工，部分施工队对于新进场人员时间和人数等信息上报不及时，导致安监部无法及时对新进场人员明确掌控；组织安全教育时个别施工队对安全教育重要性认识不足，组织不力；人员流动性大，存在教育不能在第一时间落实等情况。一分部采取了一系列措施进行弥补，如三级安全教育培训，特种作业人员安全教育培训，季节性安全教育培训，节假日及重要期间的教育培训，班

前教育培训，日常教育，周例会，信息化教育培训，设置各类标识标牌，发放教育资料，定期体检，发放防暑降温物品等，从而极大提升了员工安全风险意识，避免了安全事故的发生，创造了一个安全和谐的施工氛围。

互通匝道乱如麻，精心谋划巧安排

修路架桥对于桥隧公司来说如家常便饭再普通不过，在北京平原作业更是得心应手，但下穿京津城际高铁上通京津高速的大互通，还确实让贾远辉动了些心思。

京津高速公路互通共有8条匝道相互交叉连接首环高速公路和京津高速公路，匝道包含18联现浇箱梁和5联实体板。因京津城际高铁影响，互通区8条匝道2条主线中有主线和6条匝道下穿京津城际铁路凉水河特大桥495号~515号墩共计10次。下穿高铁的主线及匝道采用了桩板桥结构形式，但因铁路净空受限，桩板桥结构形式为工程的施工增加了较高的技术难度。同时，紧靠铁路侧2条拼接匝道路基因京津城际铁路距离既有京津高速公路较近等因素影响，需要施工抗滑桩和桩间挡土墙，抗滑桩的施工还需要考虑对高铁的影响，为工程的施工增加了不小的压力。

根据项目施工计划工程安排，同时考虑尽量避免工程项目对交通造成更大影响，贾远辉将匝道工程分为4个段落（施工区）：第一合同段由京津互通A、B匝道接京津高速公路；第二合同段由京津互通F、H匝道接京津高速公路；第三合同段由京津互通D、E匝道接京津高速公路；第四合同段由京津互通C、G匝道接京津高速公路。之所以这样安排，是考虑到4个施工区同时组织施工，同一施工区不同工作面在交通互不干扰的情况下也可灵活安排同步施工。

施工中，各个施工段落均以占用一车道分界线施工，道路按原来三车道通车，半幅路宽共3.75米留置车道围蔽施工范围。在施工时，为了保证给道路使用者和施工工人提供最大的安全保护，施工区划分为6个部分：警告区，上游过渡区，缓冲区，工作区，下游过渡区，终止区。同时，成立交通管理小组，设专职维持交通人员，24小时值班，在施工期内，协助交警做好交通疏导工作，协调与交通组织有关的单位、人员之间的关系，处理有关问题，在路口交汇处指挥车辆通行，保证道路交通顺畅。

另外，为确保施工期间的行车质量，一分部专门成立了6人的养路班组，负责日常的道路平整修补，同时，确保周边的环保，安排一台洒水车每日定时进行施工场内及周边道路的洒水降尘。

面对项目进地较迟等因素，一分部在积极办理交通道改手续的同时，也提前策划各分项工程的施工方案，如11月份进地，各类混凝土结构物的施工需要有保温设施辅助才能保证其施工质量，项目在多方论证的基础上积极提出冬季蓄热法养生，在保证工程质量的同时，也保证了工程进度，取得了一箭双雕的效果。

敢为人先勇吃螃蟹，建筑垃圾变废为宝

在北京施工，土源是个大问题，虽然一分部

通过早屯土解决了这个问题，但是要想根治还需要寻找更好的办法。

建筑垃圾是不是可以作为新型土源加以利用呢？当然可以。事实上，在一分部的线路中，就有一段几百米的路基是用建筑垃圾铺成的。而这也是在首环高速开工之前，一分部接受的一个重要的实验课题。别小看这几百米路基，这可是北京地区首次在公路施工中应用建筑垃圾作为土源，今天桥隧公司实验性的一小步，也许就是未来北京大规模应用建筑垃圾的重要基础。

据贾远辉介绍，建筑垃圾具有高强度、高硬度、冲击韧性强、耐磨性高、耐水性好等优良特性，同时具有较好的物理及化学稳定性，性能已超过黏土、粉性土、砂土及石灰土，与其他建筑材料相比还具有数量多、成本低的特点。同时，由于建筑垃圾透水性好，施工时不受雨季施工影响，能够加快施工进度。根据“低碳交通、环保交通”的要求，按照“勤俭办交通”的思路，利用建筑垃圾填筑公路路基，是“变废为宝、节约资源”的一种尝试和试验，也是实现公路建设“节约成本、减少投资、降低造价”目标的一个突破口。

特别是北京地区，路基施工土源少、取土难，如果加大建筑垃圾资源再生利用，不仅可直接降低工程造价，还减少了取土开挖，保护了环境，节约了资源，有利于提高城市建筑垃圾的再利用率和实现建筑垃圾的资源化，同时还能创造巨大的社会和经济效益，可谓一举多得。

但是，建筑垃圾因为其中含有大量的生活垃圾、塑料、金属材料、木质材料、腐殖质、泡沫轻物质等杂物，不可能直接用于填筑路基，而我

国目前还缺乏建筑垃圾填筑高速公路路基工程施工相关方面的标准化规范与大量的系统性研究。

作为第一个吃螃蟹的人，贾远辉非常清楚，其中的难度和风险。为了做好这个实验，一分部将建筑废弃物立项，做为科研项目进行研究实验。

在第一个也是至关重要的破碎加工环节，一分部将待处理的建筑垃圾装入料斗运至分拣平台，分拣出废木板、纸箱和废纸、废涂料桶、废塑料片、废石膏板等杂物，经分拣后的建筑垃圾经振动给料机送入初筛、磁选，大块的建筑垃圾流入颚式破碎机，经颚式破碎机进行初碎、磁选机磁选，再送入反击式破碎机料斗进行终碎，筛分出不同粒径碎料，分类存放待用。在贾远辉眼里，这些破碎料颗料均匀，颜色或红或白，分类堆放，已经完全看不出垃圾的模样，远远望去，壮阔中甚至于还透出一种艺术的美感。

经检验合格后，这些破碎料就可用于现场路基的填筑了。在摊铺过程中如果发现粒径超过规范及技术要求的，要采用炮机破碎锤进行再次解小、人工破碎或剔除。摊铺后和碾压前都还要进行洒水或晾晒作业，含水率则根据室内实验确定的建筑废弃物填料的最佳含水率进行控制，闷料2~4h后再进行碾压作业。经现场压实，强振3遍后压实度可达94%，强振7遍后压实度可达96%。

对于实验的结果，谨慎的贾远辉保持了一惯的低调，认为一切要等通车后的数据说话。但我们有理由相信，务实创新的桥隧公司肯定能将建筑垃圾再利用这个小螃蟹，变成今后北京公路建设桌上的一道大餐，为服务首都建设做出更大的贡献！

全力以赴为环保 “软硬”兼施保安全

——记中交路桥华北工程有限公司首都环线高速公路第二分部项目部

首都地区环线高速公路（通州—大兴段）二分部起点桩号为K7+822（采于高架桥65号墩），终点桩号为K11+200（采于高架桥168号墩），全长3.378公里，全部为高架桥。

承建二分部项目的中交路桥华北工程有限公司(以下简称华北公司)是中交路桥建设有限公司的全资子公司，中国交建三级施工企业，其前身为交通部第一公路工程局第二工程公司。作为一家以公路、铁路、桥梁建设施工为主的企业，华北公司拥有公路工程施工总承包壹级，桥梁工程专业承包壹级、隧道工程专业承包壹级、公路路面工程专业承包壹级、公路路基工程专业承包壹级、市政公用工程施工总承包叁级、环保工程专业承包叁级、钢结构工程专业承包叁级和特种工程专业承包等一系列重量级资质。但面对首环高速这样的重点工程，华北公司也丝毫不敢怠慢，尽遣精兵良将，力争为首都人民献上一份满意的答卷！

环保无小事，管理换安心

首都地区环线高速是华北公司项目经理何艳龙在北京接手的第一个项目，来之前早就听闻首都环保要求全国最严，为此项目部也做了充足的准备工作，但是没想到，才开工没两天，就被来了个下马威。

那天正赶上北京环保督察组到工地检查，觉得万无一失的何艳龙热情迎接了督察组，本以为没有表扬至少也是过关，没成想收到的却是一张警告函。细看究竟，原来是有块2平方米的空地没有进行绿网覆盖！知道北京环保严，但是没想到严到这种程度，这令何艳龙始料未及。

而且，除了这种不定期的检查，项目部每天还要受到来自安装于周边楼上制高点的空气污染检测仪，环保巡察、城管，甚至周边村民的24小时监督，再加上定期飞过的直升飞机检查地面裸露情况，这种全方位、全天候的环保监督，让何艳龙倍感压力。

如何来解除这种压力？在何艳龙看来，严格的管理和有力的行动才是最好的解压良药。

为了将环保水平提升上去，项目部采取了多项有力措施：

一是编制预案，严格执行环保制度。路建二分部根据施工现场的具体情况，制订了《空气污染预警扬尘控制专项应急预案》，进一步完善扬尘控制应急预警机制，提高环境管理能力和精细化水平，切实按照不同级别预警要求采取相应的应急措施。二是设置洗车池，防止车辆带泥上路。分部施工路口均设置有洗车池，对出入车辆轮胎和车身进行清洗，防止将泥土、残余灰浆带入社会道路，对周边环境造成污染。三是环保虑网全覆盖，防止施工扬尘。施工现场，裸露土壤使用防尘虑网进行全覆盖，防止扬尘污染。四是为提高效率，加大防尘治理工作，在路基扬尘重点段落设置雾炮机进行喷雾降尘，效果显著。五是为解决焊烟污染问题，购置了环保设备，在焊接切割作业场所安放焊烟过滤机，有效吸收过滤有毒有害烟尘，从源头控制污染。六是对地方道造成的遗撒污染及时清理，洒水车不间断洒水降尘，有效保障地方道路清洁。

为了环保达标，二分部投入了大量人力物力财力，仅负责各个路口清洁的清扫队就有75人，施工高峰期间仅租赁3台洒水车及加水费用支出每天就超过2800元。曾经也有人质疑过为了环保这么做有些不值，但在何艳龙看来，用严格管理来提升环保意识和环保水平，换来了一份安心，同时还确实能惠及周边群众，一个字：值！

抢工期争分夺秒，护民工细致入微

作为进出北京的主要通道之一，京沪高速公路无论是高峰期还是非高峰期，交通流量都特别巨大，各种车辆络绎不绝，而采于高架桥第二十七联钢箱梁恰恰上跨京沪高速公路。

京沪高速公路双向四车道，路面宽约25m，中央绿化带宽约2m，边沟在高速两侧约3m范围。为了给未来高速扩容预留双向8车道的位置，就要求钢箱梁跨度要超过75m。这样大体量的箱梁施工，最佳方案是断路施工，但京沪高速公路这种重要通道明显无法进行封闭施工。即使是夜间施工，为了不过多影响过往车辆通行，也要求进度一定要快。

时值2017年7、8月间，正是流火的季节，一动不动尚且淌汗不止。而为了抢工期，二分部不得不动员全员24小时连轴转。

晚上干活儿虽然乏累些，但是气温稍低还算舒服，可白天尤其是中午干活真是难过得很，很多一线工人都表示受不了。何艳龙看在眼里疼在心上，为避免一线工人中暑的情况发生，项目部在采于高架桥施工现场建立起了“爱心休息室”，为一线工人遮阴防暑。休息室内有供休息的桌椅、清凉的矿泉水和避暑的应急药品，有效保障了作业人员的身体健康。此外，为保证一线工人身体健康，杜绝因体力劳动过大引起的安全事故，项目部还积极联系医疗单位，将健康体检车开进施工现场，为现场的一线工人免费进行体检，深得一线工人的好评。

贴心到位的服务使得一线工人心情愉悦干劲十足，仅用不到20天时间就啃下了京沪高速箱梁施工这块硬骨头，为项目部全线顺利贯通打下了坚实的基础。

安全责任重如泰山，“软硬”兼施以“情”服人

桥梁施工，安全风险相较于路基施工又高出一个等级，为了维护施工安全，确保万无一失，何艳龙从制度入手，确立了很多硬杠杠。

一是建立安全组织机构。项目成立了以项目经理为组长的安全生产领导小组，下设安全生产

领导小组办公室。形成项目经理是安全生产工作第一负责人，安全总监、项目书记、总工为安全生产工作主管负责人，各部门负责人为小组成员的安全生产组织机构。

二是建立健全安全生产管理制度，落实安全生产责任制。为加强中交路桥二分部的安全生产管理，贯彻实施施工安全标准化，提高安全生产管理水平，项目建立健全各项安全生产管理制度：包括《安全教育培训制度》《安全技术交底制度》《安全检查制度》《安全生产费用管理制度》《安全生产责任制度》《现场负责人带班制度》《事故报告和调查处理制度》《危险源告知制度》《隐患排查治理制度》等20余项安全管理制度。

三是保障安全生产费的投入，专款专用。为进一步加强项目的安全生产管理，保障安全生产资金的供给，确保安全教育、劳动防护用品、安全生产技术措施及相关经费使用的及时、到位、落实，项目部依据《中华人民共和国安全生产法》及相关法律法规，始终做到安全生产费专款专用，足额投入到安全生产中。

四是加强隐患排查治理工作，严格执行领导带班制度。项目认真执行《中交路建二分部领导带班制度》，每月编制领导带班计划，明确当月带班领导带班检查的重点。坚持领导现场带班作业，

带班领导对当日安全工作直接负责，坚守岗位，按照带班职责要求认真检查安全工作，并填写《领导带班作业记录表》。实现安全生产工作以点带面、齐抓共管。

五是根据项目实际情况，对危险性较大的工程制订专项施工方案及各项事故应急预案。监理工程师对方案和预案进行审查，桩基施工专项施工方案、承台系梁专项施工方案、墩柱专项施工方案、盖梁专项施工方案必须经总监理工程师审批。

制度是硬的，但是面对活生生的人，特别是对安全风险意识相对比较淡薄的一线工人，何艳龙要求以情感人，以情服人，将安全制度进行软着陆。在何艳龙能够容纳40人的办公室里，经常下班后还坐无虚席。800多人的一线工人队伍，每个人都在这间办公室进行过安全知识培训。为了让每位一线工人能够听得懂听得进，何艳龙没有照本宣科，而是晓之以理、动之以情，讲清安全施工对于每个人以及他们背后家庭的重要性，同时为他们准备了通俗易懂的图片和小视频。这种新颖的形式也受到了一线工人的欢迎，低头看手机的少了，交头接耳的没有了，大家的目光全都聚焦在屏幕上，不知不觉间，安全知识得到了很好的普及。

在施工过程中，很多一线工人很难摆脱长年养成的作业习惯，不戴头盔、不系安全带的事仍然屡有发生。面对这种情况，何艳龙采取三步走：第一步，先警告；第二步，约谈、写保证书；第三步，罚款。如果罚款后再犯，那么一律开除，决不讲情面。通过这种软硬兼施的方式，中交路桥二分部实现了安全生产零事故，也确保了工程的顺利进行。

自建梁场创佳绩　七大法宝控质量

——记首都环线高速公路中交一公局五公司（第二、三分部）项目部

首都环线高速中交一公局二、三分部土建工程起点为北京市通州区永乐镇永三村（桩号K19+915.809），终点为通州区西集镇凌庄村西侧（K30+728.822），途经永乐店镇、漷县镇、西集镇的14个村。土建工程线路全长10.8公里，包括二分部主线桥梁工程1.92公里，路基工程4.68公里，三分部桥梁工程4.26公里。路面工程起点为K11+164.462，终点为K30+728.822，全长19.56公里。土建、路面工程总暂定合同额12.1亿元。

承建中交一公局二、三分部项目的是中交一公局第五工程有限公司。作为一家老牌企业，不仅拥有辉煌的历史，近些年来，秉承“自强奋进、永争第一”的企业精神，靠质量赢得市场，以诚信铸就品牌，通过管理创新、技术创新，加强制度落实，迅速在复杂多变的市场竞争中走出了一条适合自身发展的强企之路。

首都环线高速从技术难度上来说，对于身经百战的五公司来说基本没有形成任何挑战，但平凡处才更能见真章，五公司从安全、环保、进度、质量等诸多环节入手，严格要求，狠抓落实，在全线赢得了多项第一，取得了亮眼的成绩。

“三化”梁场高效能，8个月内创佳绩

由于五公司承建的首都环线高速中交一公局二、三分部有包括6.18公里的桥梁工程，因此接手项目后，项目经理高建清就确定了早决策、早

谋划、早进场、早施工的方案，并且抢得了全线桩基、承台、墩柱的若干个第一，成功打响了第一炮，获得了项目公司的嘉奖。

接下来，桥梁上部的箱梁又是关系项目进度的关键环节，如果采取和北京本地商用梁场合作的模式，无论是从成本、质量管控，还是交通运输、环保保障等方面都面临着很大压力，特别是时间进度上，不能有效掌控，因此办法只有一个，自建梁场。

说干就干，在当地政府的大力支持下，五公司仅用1个月就建成投产了一个占地约106亩（其中钢筋场占地2700平方米），拥有4条生产线、121个台座的超大型预制梁场，而且在不足8个月的时间里就生产了可供中交一公局二、三分部使用的总计1471片箱梁，高峰时期每天可以稳定生产12~13片箱梁，创造了一个不小的奇迹。

为了保证梁场预制梁出品质量及效能，高建清从"三化"入手，进行了严格把控：

一是管理标准化。预制梁遵循工厂化、集约化原则集中加工，采用BIM三维建模图进行前期整体规划，合理布局，实现了土地利用最大化；钢筋采用集中标准化加工，钢筋总量为16000吨，钢筋场日产量150吨，采用数控弯曲机加工；箱梁加工采用多项四新技术，钢筋绑扎采用胎架进行加工，钢筋焊接采用二氧化碳气体保护焊施工工艺，箱梁端头钢筋调直采用调直器，顶板剪力筋焊接采用剪力筋定位器，钢绞线穿束采用自动化穿束机；工序验收严格执行"三检"制度，班组施工完成后先进行自检，自检合格后报技术员进行复检，技术员复检合格后再报质检员进行终检。

二是管理信息化。首先，门卫服务中心配置实现标准化。门卫处设人行闸机，采用一人一卡通行制度，车行道也采用一车一卡通行制度。门房接待处固定人员，车辆通过芯片识别方式进入；外来人员、车辆通过领取临时身份识别卡进入。其次，依托质量、安全APP管理平台。项目人员

发现任何技术质量和安全隐患问题，都可实名或匿名通过手机app拍照与任务描述提交管理平台上并制订整改责任人。平台内可以查看所有项目的技术质量、安全问题处理进度与记录，通过该平台可以实现对质量安全问题即时曝光、即时整改，不仅提高了整改效率，还达到了全员抓质量、全员抓安全的效果。其次，安装高清摄像监控系统。施工生产过程中可通过高清摄像头对梁场进度、安全、质量情况进行实时监控，并通过对讲设备及时进行通知和问题整改。最后，采用数控张拉、压浆在线监测系统，对设备的生产数据进行实时采集、上传及分析、处理，实现张拉过程及压浆过程的全过程监控，确保张拉及压浆过程规范可控。

三是养生措施智能化。五公司引入了智能喷淋养生系统，在原有养生设施基础上安装湿度感应控制器，在供水管线上安装电磁阀与湿度感应控制器连接。湿度感应控制器安装信息接口，根据养生湿度情况进行自动喷淋养生。通过该系统，有效提高了工作效率，降低了人工成本，有效节约了用水，也确保了养生的全面性和统一性，有效避免了人工传统养生工作造成的漏养、忘养造成的箱梁表面开裂、强度不够等质量病害。

此外，在冬季施工养生中，五公司还积极采用新能源设备，在预制梁场安装新能源锅炉蒸汽养生，使用厚棉被覆盖梁体进行蒸汽养生，减少了污染物排放。

一人一表一哨，安全安稳安心

安全生产高于一切。在高建清看来，安全生产事故的主要诱因离不开人、机、环三要素，要将安全管理方针“安全第一，预防为主，综合治理”的口号落到实处，必须将安全管理的关口前移，变以往的重过程管控到从源头抓起，因此，五公司项目部从两方面落实了相关管理措施。

一方面，从人的不安全因素抓起。

一是保证入场安全教育覆盖率达到100%。通过便利的微信群及时了解需要受教育的人数，每天对新进场人员进行入场安全教育培训，让工人知悉作业中存在的危险源，掌握基本的防范技能，具备基础的应急知识，从源头开始强调安全生产的重要性。

二是每日班前必须进行班前安全教育。为了有针对性指导班前教育质量，要求各工班及时将教育记录表及过程照片、录像传到安全管理微信群，以此形式来推动其余工点的班前教育开展及教育质量提高。

三是从点滴细节做起，时刻提醒施工人员注意安全。项目部从安全帽的标准佩戴抓起，通过教育宣传、事故图片展示、事故案例分析、经济处罚等形式，使作业人员具备基础的安全生产意识。

四是对易造成人员伤害的重要分部分项工程施工，详细分析可能造成的人员伤害，搜集事故伤害现场照片，制作成展板在现场明显位置公示，以此来警示忽视安全生产可能面临的危险及伤害。

五是奖优罚劣。按照项目安全管理制度，每月对班前教育情况、现场安全奖罚情况等进行统计得分，奖优罚劣，公示结果，以此来推动安全管理积极性。

另一方面，则是重点落实“一人一表一哨”制度。

一是选择责任心强、想干事能干事的人员，穿戴安全员专用服装及标识，每日在现场划定区域进行不间断巡查，发现违章立即吹哨制止，及时避免违章行为的继续存在及延续，大大减少了事故发生的概率。

二是专职安全员每日手持负责区域的生产情况检查表，对在施工中涉及的一些常见违章行为进行排查，大大提高了项目对现场的安全管控力度及频率。

三是专职安全员在上岗前由安全部对其进行专门培训，告知现场存在事故隐患的特征及如何辨识，使其了解此隐患可能演变的事故伤害，以及紧急处置措施等，准确掌握初级安全员的基本知识。

四是安全员在岗期间，安全部负责督促其履职，并对他们解决不了的事情，通过督促整改、罚款、通报批评、寻求领导班子解决等形式具体落实，以此来控制事故隐患的存在。

五是通过增加现场管控安全员，使在施现场做到时时有专人管理，弥补了安全管理人员不足的困难，也增进了安全员与施工人员之间的沟通交流。

两项管理措施特别是“一人一表一哨”制度的落实产生了切实的效果，不仅是管理层，五公司的每个施工人员也都感受到了安全、安稳、安心的工作氛围，甚至从被动服从到主动参与到安全管理中，实现了安全生产其乐融融的良好局面。

质量控制第一位，七大法宝显神通

安全、进度、质量，哪个更重要？在五公司领导看来，都非常重要，而且也都必须做好。特别是在工期压力大、安全要求高的情况下，工程质量更来不得半点松懈，因为对于五公司来说，工程质量是企业生存发展的基础，是企业的命脉。

小客车专用
行车道
Through Lane
120
90
行车道
Through Lane
120
80
行车道
Through Lane
100
60
应急车道
Emergency Vehicle Lane

正是因为充分认识到这一点，五公司在质量管理上毫不放松，并且通过七大法宝实现了工程质量的高品质。

法宝一，落实质量责任追究制度。五公司通过健全工程质量责任体系，明确各级管理人员的质量责任，同时强化考核和责任追究，从而实现了质量责任在企业内部可追溯，进一步督促企业内部职工质量责任意识，形成良性循环。

法宝二，切实落实质量风险预防管理。通过切实落实企业内部关于施工组织设计编制、审查和执行落实体系，五公司严格专项施工方案论证审查制度，强化技术方案分级分类审核责任，全面推行首件工程制，以首件工程引领各分部分项工程大面积施工，夯实工程质量管理基础。

法宝三，通过“痕迹化管理”，加强施工过程质量控制。五公司建立了质量目标导向管理机制，严格执行工序自检、交接检、专检“三检制”，强化质量形成全过程闭环可追溯，并利用各种信息化平台，加强过程质量监督及管控。

法宝四，合理应用“四新技术”，开创项目管理新局面。在“四新”应用方面，五公司积极探索，完成了两项QC成果及其工法编制，专利申请。

法宝五，注重施工质量过程控制，特殊方案过程编制论证。在特殊部位施工进度、安全、质量原大方案不符合个别施工部位后，五公司根据现场施工特点、社会因素等方面进行论证编制，进行方案系统编制，最终做到符合各施工阶段，各施工小分项的技术方案。

法宝六，动态交底，过程调控。根据现场实际情况，五公司项目技术人员根据周质量巡查中存在的共性问题进行现场交底，现场演示，同时对专业技能人员定期组织培训学习，并进行考核记录。

法宝七，增强新进场、基层员工培训与质量交流。五公司要求管理层要掌握一定的沟通技巧，要善于沟通。在日常工作中，要通过不断的思想沟通和意见反馈，让员工更清楚地认识、了解工作的具体内容，从而达到更好的效果。

决战北运河大桥，保质保量保环护

作为控制性工程，全长4.259公里的北运河特大桥能否顺利贯通不仅是五公司施工的重中之重，同时也是全线能否顺利通车的关键。

但是令五公司头痛的是，根据通车目标，不但时间紧、任务重，而且还面临着极大的拆迁压力。面对挑战，迎难而上是五公司的一贯选择，也是唯一选择。

为了打好这场攻坚战，五公司在项目施工前认真研究，合理布置，找出项目关键线路及节点目标，在征地拆迁相对缓慢的前提下，项目以桩位进地施工，林中打桩，只要有施工作业面就一定占满时间和空间；以点成线，以线成面，以进度促征拆，通过项目和业主的努力，第一时间进河道进行施工，在汛期前顺利撤出河道，保证了关键节点完成；施工期间桥梁横跨103国道和207省道，五公司通积极沟通协调，顺利完成了跨路施工。

为保证在工期紧的前提下保质保量完成任务，五公司加强对现场质量严格控制，除制订相关的制度和要求外，现场每道工序进行“三检制”检查，把班组长也纳入现场质量负责人中，通过过程中检查及考核，不合格进行处罚；施工现场不定时巡查，发现问题和整改后进行闭合，确保问题的解决；在冬施期间，为保证施工质量，项目成立冬施小组，24小时专人轮流不间断进行巡查，保证冬施期间的施工质量。

在整个施工过程中，桥梁左右两侧多为平原造林和生态林等林地，五公司根据所处位置的特殊环境意义，成立护林小组，施工时安排专人对两侧进行巡查，防止火灾发生。同时，通过对裸露土地进行绿网全覆盖，在临时建设周边铺设人工草坪，全线施工车辆便道安排水车洒水降尘等措施，完美兑现了环保职责。

经过近1年的全力奋战，五公司终于在2018年4月完成了北运河特大桥的施工，为首都环线高速全线通车打下了坚实的基础。

高压电网“搭便车” 公路导改“巧拼图”

——记首都环线高速公路中交路桥第一分部北方工程有限公司项目部

首都地区环线高速公路（通州一大兴段）一分部位于北京市大兴区采育镇，全长7.162公里，由中交路桥北方工程有限公司承建。作为扎根于北京的大型央企，北方公司以精益求精的工匠精神，将建设的旗帜插到了国内28个省、自治区、直辖市甚至海外市场，参建重点工程不计其数，奖杯奖状更是拿到手软。虽然战绩辉煌，但此次承建家乡项目，特别是如此重要的首都环线高速，北方公司上下依旧如履薄冰，全力以赴，希望以优质工程为首都建设及京津冀协同发展作出自己的贡献。

高压电网拆改难，未雨绸缪搭便车

在一分部所在的施工段内，有首环高速全线唯一的一处500千伏输电网线，对于这一关键部位，北方公司项目经理张志刚非常清楚地知道其对于一分部顺利峻工的重要性。因此，在2016年年底进场伊始，项目部便向华北电力公司提出了线路迁改需求。

随着工程进行，不知不觉间时间就来到了2017年7月底。这期间，一方面，电力公司按部就班地进行了线路勘察、设计、测量、评审等一系列工作，另一方面，北方公司接到了首环项目公司发来的2018年6月30号必须峻工通车的死命令。

对于公司领导张志刚来说，工程技术、质量、安全、环保，所有的一切都不是问题，但如果电力公司没有反馈给具体的电网拆改线路，相关征迁工作就没法进行，而这些基础工作没有做好，无法进行施工，就没法搭上华北电网每年10月只有一次的检修停电的搭车施工，而错过这次搭车，再想搭车就要再等上整整一年，如果这样的话，2018年6月30号完工就根本没有可能。这一连串的因果关系，让张志刚彻夜难眠。

正当张志刚认为一切已经陷入绝境的时候，好消息传来，电力公司拆改线路方案确定，可以进行搭车申请！但此时已是8月初，距离10月搭车还有两个多月时间，同时9月由于召开十九大会议还不能开工，实际算起来时间不足两个月。而在这两个月期间，要完成地上物的清理、登记、评估、谈判工作，难度之大可想而知。

面对几乎是不可能完成的任务，张志刚心里也没有十足的把握，但事情还要干，不付出百分之两百的努力，怎么知道一定就不可能呢？

时不我待，说干就干。在大兴区相关部门、项目指挥中心等领导的关心支持下，北方公司挨家挨户做工作，特别是对于电网两基座之间非永久征用补偿较低的征迁户，北方公司派专人盯进度，每天晓之以理，动之以情，软磨硬泡，说破了嘴跑断了腿，终于以诚意和真心感动了村民，在8月底之前完成了所有的征迁补偿工作。

这时，距离10月搭车还有不足一个月的前期准备时间。为了给搭车期间施工创造最佳环境，提升搭车效率，北方公司主动联系电力公司拆改施工队，尽一切可能提供其施工需求的机械设备甚至提供相关人员协助工作，争分夺秒，在最短时间内完成了新基座的基础工程，为10月的顺利搭车做好了充足的准备。

功夫不负有心人！经过两个月的连续奋战，北方公司终于顺利搭上了电网每年一次的断网检修，完成了500千伏电网拆改工程，将不可能化为了可能。为此，北方公司还获得了项目公司奖励30万元！

导改施工步履维艰，碎片拼图稳步推进

在一分部7.162公里的施工主线内，有两条公路时而交叉缠绕，时而并驾齐驱，始终不离左右，它们分别是采林路和采万路。如果从地图上看，这

两条路首尾相连，就像一条藤蔓攀援在首环高速这棵大树上。虽然听上去这种描述颇有几分诗意，但张志刚却没有这番心境，因为这两条路实在是给他制造了太多的麻烦，让他费了太多的心思。

采林路为二级公路，属于大兴区域主干道。是该区域内一条重要路线，交通非常繁忙。大兴区采林路第一段定线起点为LK0+057.924，定线终点为LK1+676.853，路线全长1.449公里。与首都环线高速公路K5+700 ~ K6+800段相交两次。

采万路是进京和出京的一条通道，交通同样非常繁忙。采万改路起点为CK0+057.472，终点为LK2+316.416，路线全长2.259公里。与韩营沟桥左幅15跨与右幅14跨相交。

虽然听起来有点儿复杂，但是如果换在外埠施工，征地拆迁工作基本不是问题，作业空间允许的情况下，导改施工基本可以一气呵成，可以说完全没有难度。但在北京施工，张志刚却是空有一身力气使不出。

问题的症结出在征迁工作上，对于这一点张志刚早有心理准备，但令他意想不到的是，征迁工作是如此艰难，经常是苦等若干天，才征下几亩地。这样的征地进度，使得工程变成了碎片化。集中力量大干快上的模式完全用不上，见缝插桩的小规模机动作业让张志刚感觉像在玩儿拼图。

但工程作业毕竟不是做游戏，这种时间空间打散的作业模式给管理上带来了极大的难度，特别是导改工作不能一步到位，对于管理、组织、协调能力的挑战更是再上层楼。

面对困难，北方公司无所畏惧，唯有全力面对。在整体策略上，张志刚要求充分利用时间和空间，有多少地就做多少事，根据情况随时调整。例如，由于征迁难度大，不能先做采林路的改路施工。为保持主线顺利通车，一分部就先对采林路临时改路，对28跨和29跨做采林路的改路。再比如，为保证完成阶段性目标，一分部先对采万路临时改路，对韩营沟桥进行0~6号桩基和下部施工，以保证后期进度。在细节把控上，张志刚要求精细到位，不留缺口。无论是施工准备、导改控制要点梳理，还是安全保证措施、文明环保施工，都要责任到人，明确目标任务，同时坚持自检制度，做到万无一失。

虽然自认为已经尽心竭力做到最好，但也难免有一些小插曲。例如导改过程中由于交通不畅，市民多次拨打市长热线反映施工拥堵，期间更有

公交司机因不满施工路段洒水防尘导致车轮沾泥增加其洗车工作量，也拨打市长热线投拆。对于这些小情绪，张志刚表示完全理解，同时也很欣慰，因为他关心的安全、质量、环保等这些关键环节都没出大问题，这就足够了。

精细管理环环相扣，认真交底万众一心

首都环线项目是北京市重点工程项目，为了做好该项目，北方公司强调精细化管理，在施工进场初期，项目班子就进行了充分的研究，结合现场实际工作需要，从以下7个方面进行了详细施工策划。

一是项目重点难点分析。项目一进场就组织全体项目管理人员开动员会，要求大家熟悉图纸，熟悉现场，找出该项目各个工种的重点、难点，并制订解决的办法和控制目标，做到早谋划，早准备，早进入状态。

二是合同交底。项目进场后，公司邀请参与该项目投标的商务预算人员到现场进行全面交底工作。总结发现问题，并通过设计合理化建议更改做法；通过材料变更重新认价；引进新工艺、新做法降低损耗及提高劳动效率等手段，把漏项项目亏损降低到最低。

三是图纸会审交底。项目工程师在充分熟悉图纸，提出意见及优化方案后，邀请相关设计人员到项目部进行技术交底，同时邀请业主、监理参加。

四是成本核算。找出项目实际工程量与招标清单工程量差异，通过对比及利润点高低，制定项目成本管理工作重点。

五是劳务、材料招标。从公司合格劳务队数据库里挑选实力强,信誉好的劳务队来投标,筛选出合适的劳务队进行施工考察，实行优质优价，确保工程质量，为创优工作打下基础。通过公开招标的方式切实有力降低项目的材料采购成本。

六是安全质量控制。成立以项目经理为首的安全质量领导小组。项目经理任组长，项目副经理、质安员任副组长，其他管理人员和班组长为组员，全员参与。设立专职安全员，针对该项目特点列出该项目的重大危险源清单，并制订防范措施。项目部建立完整的质量体系和工作流程，严格按照《质量管理手册》进行运作，使该项目全过程施工质量始终处于受控状态。

七是工程进度把控。根据项目施工策划书，结合合同工期和现场实际情况编制总体进度计划。执行时以周保月，以月保段，以段保全局，确保整个施工进度目标的实现。

张志刚认为，正是有了以上的种种精细化管理措施，同时经过全体项目管理人员的共同努力，北方公司才最终得以顺利实现2018年6月底通车的目标，还取得了良好的社会和经济效益，可谓一举多得。

一桥飞架南北　京冀牵手潮白

——记首都环线高速公路中交一公局海威工程建设有限公司（第四、五分部）项目部

2018年1月26日，随着首都环线高速潮白河特大桥最后一联现浇梁混凝土浇筑完成，中交一公局第四、第五分部海威公司项目经理郭云杰揪了小一年的一颗心，才稍许放松些。因为直到这一刻，他才可以确信，2018年6月30号通车的最终任务不会在自己这个环节“掉链子”，过去几百个日日夜夜的奋战总算没有白废！

抢工期"生死时速"，潮白河"攻城拔寨"

海威公司承建的首环高速西集镇段共两个分部（第四、第五分部），起点在通州区西集镇安辛庄村，途经肖家林村、杜店村，上跨京哈高速公路，穿过大沙务村、小沙务村、尹家河村、赵庄村，终点在赵庄村东北侧潮白河中央，北京与河北市界处，主线全长8.08公里。其中2.787公里长的潮白河高架特大桥不但是五分部的重点工程，同时也是首环高速的节点工程。

潮白河高架桥主桥横跨潮白河，上部结构形式为跨径52m+85m+52m的现浇桥。其中75号轴和76号轴位于潮白河主河道中，两轴共计40根桩基、2座承台位于水中，且桩基均为深孔长桩，承台为大体积混凝土承台。按照项目公司整体要求，2018年6月30日必须全线竣工，

这表明2018年春节前海威公司必须完成潮白河所有桥梁工程，在2017年主讯期前必须完成所有桩基工程，任何一步有所迟滞，任务都不可能完成。

目标在前，但是想要完成却如攻城拨寨般艰难，其中征拆工作更是举步维艰。由于项目沿线地上物拆迁涉及水务部门、政府、林业局、电力部门、通信公司、个人等，各产权单位关系又错综复杂，红线内有大面积的平原造林和多处高压线需要改移，还有正在投产的菲美德机械制造厂房需要拆迁，等费劲心思解决完这些问题，时间已经到了2017年6月初。

河道中的桩基和承台施工都需要插打钢板桩围堰，在围堰中填土筑岛后方能施工。由于围堰必须在承台外一定距离才能保证足够的施工空间，所以围堰势必会阻挡河道水流。海威公司和水务部门密切沟通后得到明确指示：必须在主汛期到来前10天（2017年7月10日）拆除一切河道阻水障碍物。这意味着海威公司只有一个月的时间，去完成河道内的围堰施工、抽水清淤、土方筑岛、桩基施工、土方外运、围堰钢板桩拔除等一系列工作，工期紧迫万分。

成败攸关，速度第一！公司领导郭云杰迅速作出周密部署，从北京、天津、上海等三处厂家同时租赁足量的15米长、18米长钢板桩进场，组织了3套振动锤击设备同时开始作业，仅用时7天就完成了钢围堰施工。而在围堰施工的同时，郭云杰安排在河岸备土4万立方米，围堰完成后用时4天即完成全部的抽水、清淤、填土工程。从6月15日开始，又安排4台钻机占满围堰内空间，同时施工75号轴、76号轴桩基，采用三班倒人员配置，最终用时20天（6月16日~7月5日），在主汛期来临前，一次性完成了河道内的全部40根深孔长桩施工，并且最终桩检全部合格，在这场与时间的赛跑中取得完胜。

然而这只是阶段性胜利，后面还有更大挑战等待着郭云杰。7月26日，主汛结束，桥梁正式进入上部施工阶段，但潮白河大桥150万立方米土方，32万立方米混凝土，6万吨钢材的用材总量，加之十九大会议工程停工，意味着绝大部分施工作业要在冬季完成。冬施不但会加大管理难度，增加施工成本，最重要的是也会延长一部分时间。

时间是最宝贵的，不能拖，要想达成目标，只有从技术、工艺、管理上着手，做好每一个细节，来争取时间。

郭云杰从原材料入手，优先选用普通硅酸盐水泥；认真检查所用集料清洁度，保证不含有冰雪等冻结物及易冻裂的矿物质；使用无氯盐防冻剂；将配合比中的用水量降低至最低限度，并且保证用水清洁。在运输环节，混凝土罐车罐体采用棉罩被包裹进行保温，以保证混凝土的入模温度不低于5℃。在浇筑环节，保证模板、钢筋上的冰雪和污垢被清除；合理安排生产，尽量做到组织合理、运输快、入模快、浇筑快。在最为关键的养护环节，郭云杰更是细致入微，整个桥区棉被当外衣，火炉内中藏，进入桥区，根本感受不到丝毫寒意。

在海威公司周全的保护下，这些“娇气”的混

凝土终于挺过了2018年的严冬，变身为潮白河大桥坚韧有力的筋骨，扎根南北两岸，将北京河北紧紧联系在了一起。

以质量控进度，以安全促生产

质量是工程施工永恒的主题，为全面实现项目公司提出的质量要求，海威公司制订了“以人为本、服务顾客；科学管理、创造精品”的质量方针及在建分项工程一次合格率95%以上，单位工程交工验收合格率100%，单位工程竣工验收优良率为90%以上的质量目标。

很多人认为在质量和进度之间很难找到平衡点，特别是像首环高速这样对进度近乎严苛的要求，进度往往被放在第一位去考虑，但是郭云杰却认为，高质量才是控制进度的最佳手段，因为只有保证每个环节每个步骤的高质量，才能确保不留隐患、不返工，从而使时间进度得到切实的保障。

为了保证质量，在项目质量管理过程中，海威公司严格按照质量目标和方针的要求去开展工作。在工程开始的初期，质检部组织技术人员进行了公

司及项目质量管理制度的学习，使大家进一步了解了项目的质量管理体系的情况和项目管理中所起到的巨大作用，明白自己在质量管理体系中的岗位和职责，这些对日后工作的顺利开展都起到了积极的引导作用。随着工程的不断推进，项目的质量管理的形势由简单变得复杂，由单一变得综合。为了顺应管理形势和管理重点的变化，公司在以前的基础上调整了思路，加强了对现场施工管理人员的质量意识的教育和培养，细化了内部分工和工作流程，针对重点部位和工序制定了有效的措施，确保了项目质量目标的实现。

除了质量，郭云杰最为关心的无疑是安全管理。遵从“生命至上、安全为天”的安全管理理念，海威公司从三个方面采取了措施。

一是从严管理，以点带面，明确态度。事故的发生往往是作业人员自身麻痹大意造成的，使施工作业人员本身在严格管理下养成良好的安全习惯才是关键所在。为此，项目部严格按照“一岗双责”的要求，全员进行安全管理，每天对现场进行安全巡查，不定期由项目领导带队，组织各部门成员进行安全大检查，对发现的隐患问题等定人定期限进行整改，整改落实不到位的根据项目制度进行处罚。

二是加强安全教育，牢固安全第一的思想。由于实际的工作中作业人员通常会将完成生产任务放在首位，在安全教育上不能做到积极学习，致使一些员工不能完全掌握安全生产知识。对此，海威公司制订了年度安全教育计划，及时统计和登记现场人员，对新入场工人进行三级安全教育和考试，否则严禁上岗作业；坚持班前安全讲话活动，使作业人员将安全规则牢记于心；不定期组织相关人员进行安全教育，提高作业人员安全意识和技能水平。

三是制订各类安全应急救援预案，并组织人员学习和现场演练。海威公司制定了各类安全专项应急救援预案，定期组织人员进行学习，并进行现场演练，提高施工人员的安全意识和应急处理能力，全面提升作业人员的安全认识与应对风险的能力。

三条安全举措卓有成效，海威公司多次受到项目公司的表扬，但在郭云杰看来，安全问题固然是企业管理的需要，更重要的还是要为施工人员负责，看到他们能够高高兴兴上班来，平平安安回家去，作为管理者，心里感觉很欣慰，也很有成就感。

节能减排，绿色施工

路建工程动静大，对于环境影响不可避免，但同时北京对于绿色环保的要求又非常严格，怎么办？为了应对环保带来的挑战，中交一公局自工程伊始就要求各项目公司将节能减排、绿色施工的理念，贯穿于整个施工、运营过程中，使节能减排与日常的生活和工作紧密结合，将节能理念融入到规章制度中，将节能理念融入企业生产经营中，实现与生产经营同步计划、同步实施、同步管理。把节能减排作为企业转变发展方式、优化产业结构、提升企业管理水平、履行社会责任的重要手段，实现“绿色中交、低碳中交”，树立负责任的央企形象。

为响应一公局的要求，海威公司在项目施工过程中积极开展了“绿色工地”创建活动，在保证质量、安全等基本要求的前提下，通过科学管理和技术进步，最大限度地节约资源与减少对环境负面影响的施工活动，实现施工过程中的“四节一环保”(节能、节地、节水、节材和环境保护)。

在项目部，海威公司从用电管理、用水管理、办公用品管理、公务用车管理、会务费和接待费管理五方面厉行节约。在施工现场，鼓励通过技术措施如采用新技术降低耗能；加强节水措施，如土工布覆盖梁体，减少水分蒸发；强化节电措施，如禁止空载运行大型机械、提高使用效率；推行节地措施，如严格控制临时用地指标，采用有效措施，保护周边自然生态环境；推广节材措施，如严格控制设计外的钢筋等材料的使用量；强调减排措施，如采取专项措施，减少工地现场的“废水、废气、废渣”等的排放，并通过奖罚机制来充分调动大家的积极性，确保措施得以实施到位。

另外，为了规范项目施工现场的环境保护管理，防止施工现场废弃物对环境造成污染，严格控制因施工生产造成的扬尘和噪音破坏环境或给周边居民的生产、生活带来影响，加强对公路施工临时占地的监管,杜绝非法乱用土地,合理利用土地,保护土地资源,杜绝浪费,海威公司还制订了更为详细的《施工现场环境保护管理规定》，要求每个项目参与者参照执行。

节能减排、绿色环保的措施增加了管理难度及施工成本，但为了首都的绿水青山能够做出自己的一点儿贡献，郭云杰说，值！

中交速度　中交品质

——首都环线高速公路路面施工建设纪实

38.2公里，3个月，零缺陷！中交一公局与路桥公司在首都环线高速路面施工中完美体现了中交速度与中交品质！

自建拌和站，展中交速度

众所周知，路面施工成功顺利与否，很大程度上要看拌和站的”脸色”，拌和站出品的材料如果质量高、稳定性好，那么路面施工自然事半功倍，但如果质量参差不齐，供料跟不上，路面施工只能干瞪眼。有鉴于此，中交一公局把拌和站的质量把控列为路面工程的重中之重，并且把这项重任交给了海威公司。

北京作为首都，商业拌和站自然不在少数，但依据海威公司多年经验，一公局负责路面施工长度20多公里，施工时间满打满算只有两个月，所需材料百余万吨，一家拌和站根本吃不下，如果选择多家拌和站组合供料，质量把控难度太大，因此综合考虑，还是决定自建拌和站。

说干就干，从选地到拌和站全面建成，仅仅用了不到两个月时间，2018年3月底，在河北大厂梁庄村，一座占地140余亩的拌和站便拔地而

起，完美体现了中交速度。与此同时，海威公司派出两组人马，以200公里为半径，开始寻找路面施工的两种必备主材——玄武岩和石灰岩。事实上，北京三面环山，并不缺石材，但是由于近年来环保力度加大，北京辖区内所有山体均不可开采。为贯彻政策保护好北京这一方水土，虽然成本增加接近80%，虽然寻找过程费时费力，但海威公司书记任瑞永表示，值！

功夫不负有心人，经过半个多月的跋山涉水，多方比较，优中选优，海威公司终于确定了几家供货商，其品质都非常过硬，完全可以满足首环高速路面施工对于原料的各项要求。然而即便如此，海威公司也没敢有半分松懈，面对排成长龙的送料车队，公司配备了30个有丰富经验的收货人、7台地泵，24小时轮班负责收料工作，要求做到每车必检，对于个别不合格的材料坚决做退回处理，不留任何质量隐患。回想当时每天收料近2万吨的场景，任瑞永说，那是相当壮观！

在拌和环节，公司装配了全新的意大利玛莲尼沥青混凝土拌和机，材料拌和时，由专业技术人员对关键指标现场进行严格把关，实验工程师一直跟随施工生产的每一道工序，各项技术指标必须达到规范要求才能继续作业，以保证质量的稳定性。在运输环节，为了保证表层沥青温度不散失，确保材料到场的质量，施工人员要在车厢上增加保温层或者及时苫盖，由于料车在运转过程中难免会产生遗洒，海威公司还要施工人员做到及时清扫回收，并把施工中的废料也一并拉回废料厂集中堆放，以免造成污染。

在进度把控上，由于自建拌和站承担了首环高速绝大部分路面的混凝土及沥青材料供应，因此海威公司调派大量人手对每个环节进行有针对性的监督管理，24小时轮班作业，不眠不休，在路面施工高峰时段，加班熬夜几乎成为每个管理人员的家常便饭，家住通州离项目部只有半小时车程的项目部书记任瑞永更是几乎一个月都没有着家。正是这种忘我的奋斗精神，保证了路面施工材料的保质保量供应，从2018年4月18日拌和站首件混凝土出厂到6月20日全线贯通，短短60天时间，74万吨水稳材料、37万吨沥青材料，共计108万吨路面材料，一公局海威公司再一次创造了中交速度！

标准化施工，看中交质量

所谓人配衣服马配鞍，作为高速公路的“面子”，路面施工的重要性不言而喻，一条路是贴金还是抹黑，全看路面施工这最后“一哆嗦”。

基层水稳在路面施工中是基础也是关键，对于这一点，无论是中交一公局还是路建公司都非常明确。为了确保水稳施工的质量，首环高速全线都装配了全新的国产压路机。在施工工艺上，各路面项目分部均采用钢模板支撑、灌注水泥浆，保障水稳碎石铺设时道路边部无塌落，保证铺出来的道路边缘的笔直流畅。依据以往施工经验，各项目部均制订了包括灌注量、灌注时间在内的严格操作规范。为保证两层水稳之间连接紧密牢靠，一公局五公司启用水泥浆洒布车，将加压后的水泥浆喷洒到路面上，从而有效地提高了洒布的均匀性。试验室所做的芯样采集显示，三层水稳紧密粘接，有效保障了路面工程质量。

面层沥青施工是路面施工的最后一关，也是整个工程是否“亮眼”的最关键一步。为了达到最为完美的效果，中交一公局五公司从硬件着手，配备了全新的沃尔沃摊铺机以及宝马压路机。尽管设备投入资金巨大，但是五公司副经理段建刚却认为，品牌产品质量有保障，设备故障率低，不容易损坏，维修成本也会相应降低。另外，首环高速时间紧、任务重，中间环节容不得半点闪失，如果因设备问题而耽误进度，那才是得不偿失。摊铺过程中，为了让摊铺机保持合理、均匀的行进速度，每台摊铺机上都安有限速器，避免操作人员为赶进度人为提高摊铺机速度，导致压实度不够。此外，各项目公司还设置专人控制沥青混合料的摊铺高度，保证每层平均厚度不超过设计值的2%。

由于首环高速有大量桥梁工程，因此对于伸缩缝的处理也至关重要。为了保证路面平整度，首环高速采用沥青热料填充，填平后专门配备人员，通过压路机压实。待桥面沥青混凝土铺筑完成并养护成型后再进行切缝，开始切缝前，要对沥青路面平整度进行检测，桥梁伸缩缝开槽后，还要将槽口内所有的杂物清除出来，并用高压水枪将剩余残渣冲洗干净。切缝线以外的沥青混凝土路面，在开缝前要先覆盖彩条布或钢板进行保护，这样一方面可以将开槽产生的杂物统一放在上面，另一方面可以防止切缝时产生的石粉污染路面。型钢的焊接是伸缩缝质量好坏的关键，焊接方法得当、焊条质量过关才能确保焊接质量。最后，浇筑钢纤维混凝土，保证密实、平整、无蜂窝，这样的伸缩缝处理才算真正过关。

精细化管理，扬中交品质

首环高速由于时间进度特别紧张，导致路面施工不可能像常规施工作业一样等全部土建工程完毕后进行统一施工，路面施工只能见缝插针，土建完成一块马上上水稳，水稳完成一块马上上沥青。这样做虽然可以满足时间要求，但是大面积、长时间的交叉作业，对于现场质量、安全及人员管理则提出了特别大的挑战，尤其是施工高峰期间，仅一公局五公司的路面上，就同时有

400人在同时作业，如何保证这些人能够各尽其责、高质高效完成任务，绝对是个大难题。

要想解决这个难题，思想意识的统一是关键。而作为中交集团在首都北京的首个PPP项目，无论是一公局还是路建公司，都确立了打造首环高速精品工程、献礼首都人民的根本目标，而在这个大方向的指引下，一切问题似乎也都算不上什么问题。

在施工人员管理方面，各项目公司对施工人员进行严格培训，并且制订了程序化的作业标准。施工过程中，为严格控制工程质量，首先要开三级技术交底会，其次是现场检测。工地上设有现场实验室，对每一项关键数据如压实度、压实遍数等进行跟踪检测，以数据说话，严把质量关。在施工管理中，项目部凝聚团队的精神，充分调动人员的积极性，采取综合管理体系，从进度、质量、文明施工、安全施工等各个方面进行综合考核，上下一致，奖罚分明。

项目公司一方面对于影响工程质量的违规行为绝不手软，另一方面在生活中，对员工们则是关怀备至。沥青路面作业温度比较高，再加上沥青刺鼻的气味，施工人员倍受煎熬。项目公司领导也是看在眼里，疼在心上。为了缓解他们的疲劳，公司不仅发放防暑降温补助，还在作业现场采取降温措施，及时为施工人员提供纯净水、淡盐水、绿豆汤等，并在生活上提高饭菜标准，保证食品安全，做好后勤供应。

五公司副经理段建刚介绍，由于首环高速跨越多条高速、国道，因此匝道路基特别多也特别长，这种宽度渐变的路面给路面施工带来了极大的难度。特别是沥青摊铺机幅宽多数不可调节，可以调节的摊铺机拆装调试一次就要七八个小时，对于工程进度会造成了极大影响。但即便如此，五公司也尽量不采用人工作业，为的就是整个首环高速项目的品质能够保持高水准。虽然为此会付出更多时间与精力，但它擦亮了中交集团这块金字招牌！

高品质打造精品工程 高科技探索实战前沿

——首都环线高速质量技术管理纪实

百年大计，质量第一。作为全国高速路网的重要组成部分，地处首都，同时还是北京第一条建成运营的PPP高速项目，首环高速质量控制更是不容有失。有鉴于此，首环高速项目公司建立健全质量管理体系和岗位责任制，强化程序管理和实施精细化管理，加强全过程质量控制，最终确保了所有分项工程评分90分以上，项目竣工验收综合评分90分以上，杜绝了一般质量事故及以上事故发生，打造了品质工程，为改善北京城市副中心周边路网结构和交通状况，服务京津冀协同发展战略，贡献了自己的一份力量。

狠抓质保体系建设，强化监督管理措施

由于PPP项目建设运营是一家，工程质量与后期运营效果紧密相关，因此首环高速对于质量要求就显得更为严格。

首环项目公司为首环高速建立了严格的施工质量管理保证体系：企业自控、社会监理、业主监管、政府监督四级质量管理体制，基本可以确保项目施工质量优良无虞。针对质量管理措施，首环项目公司成立之初就编制了《首环高速质量管理办法》《首环高速内业资料管理办法》《首环高速测量管理实施细则》《首都地区环线高速公路（通州—大兴段）工程项目“精品工程”评选办法》以及《首环高速监理考核管理办法》等相关管理办法，以确保质量保证体系正常运转。

首环项目公司为维护质量体系的正常运转，每月组织一次质量大检查，不定期现场巡查，并以通报形式下发给各监理和施工单位。

为加强质量管理，项目公司还采取了一些具体措施，包括：统一组织危险性较大或重难点工程专项施工专家讨论会，并组织三方验收；组织工地试验室在岗人员考核；组织现场观摩会；下发一些质量要求，如：《加强桥面铺装和防撞护栏施工质量要求》及《路基验收程序及要求》等；为响应政府及有关部门的要求，开展“质量月活动”“公路工程质量通病治理”“公路工程混凝土外观质量提升活动”“全线质量安全隐患自查自纠活动”等活动；组织“首环高速精品工程评选活动”等。

此外，首环项目公司加强对监理工作考核，确保专业监理工程师按照监理计划实施，做到留痕管理，各种资料齐全。

首环高速土建工程整体质量处于受控状态，全年未发生质量责任事故。

设计管理重中之重，新模式带来新变化

由于实际情况所限，首环高速项目属于典型的“三边”工程（边勘测，边设计，边施工），且工期紧、任务重，因此设计管理工作是首环项目公司技术管理工作的重中之重。为了更有效地保证施工需要，首环公司采取了多项措施：

一是优化完善设计。根据现场实际地形地貌、管线情况及工期要求，首环项目公司与各施工分部就优化施工设计进行深入分析，并组织专家讨论会，对既有设计方案进行了多项优化，如潮白河高架桥主跨钢箱梁变现浇箱梁、北运河高架桥主跨钢箱梁变钢混结构、采于高架桥部分钢箱梁变现浇箱梁及部分现浇箱梁变预制小箱梁、京津高速立交线路微调、路基软基处理换填变换填加强夯等，极大提升了设计质量。

二是注意节能环保。根据打造绿色公路及节能减排要求，首环项目公司进一步优化了设计方案：在收费站采用太阳能发电用于收费站空调采暖，路灯采用太阳能风光互补供电，服务区养护区等采用太阳能热水、地源热泵采暖和空调，服务区收费站建筑节能；道路，采用分布式智慧供电，在所有路灯及服务区收费站等均采用LED节能灯具，建立照明智能管理系统；合理设置信息发布提示系统；道路收费口建立不停车收费ETC系统，设置27个ETC出口；建设治超不停车预检系统，有效提高通行效率道路运行管理；建立能源管控中心，全过程能耗监测计量系统。

三是确保设计施工无缝衔接。首环项目公司每周组织一次设计与施工需求衔接会，确保设计与施工同步。

四是做好审查工作。首环项目公司定期组织监理和施工分部做好施工图纸的审查和图纸会审工作，以便及时发现设计的问题并加以解决。

此外，首环项目公司积极协调地质勘察单位加大地勘外业工作力度，保证地质详勘报告按时交付设计院，以确保施工图设计的按需交付。为了更好地在施工中贯彻设计意图，澄清疑点，首环公司还组织召开设计交底会，很好地起到了设计与施工的对接作用。

值得一提的是，由于首环高速采取的是PPP模式，这使得首环项目公司同时承担了以往甲乙方的两种角色，而这样的变化使得设计工作变得更加有的放矢，成本控制更加合理到位，设计施工衔接更加紧密，沟通更加高效便捷，进而加速了施工进程，确保了工期能够按时完成。

施工方案面面俱到，科技创新强效助力

首环高速项目技术难点主要体现在工期紧，在路基施工过程中填方较多，土方来源少，地质情况复杂，需要处理软土地基情况较多，对于施工方案的确定提出了非常大的挑战。

针对项目较为复杂的实际情况，首环项目公司在《内业资料管理办法》中规定了施工方案的审批流程：对于一般方案，施工分部项目经理→总承包部总工→监理组组长→总监办总监→项目公司总工；对于危险性较大方案，施工分部项目经理→施工分部单位总工→总承包部总工→总监办总监→项目公司总工。

为确保施工方案的顺利实施，首环项目公司制订了有效防止质量通病的计划及措施。要求各分部编制《质量通病防治措施》；根据实际工程地质情况，对软基处理和预防路基沉降等问题，组织专家研讨会，并根据试验段情况编制了《路基施工作业指导书》；要求各分部编制了《冬季施工保障措施》，要求监理和施工分部做好混凝土浇筑和养生期的温湿度检测工作，并组织三方现场检查。

为了进一步提升施工质量，首环项目公司要求路基施工应用蓝派冲击压实技术，台背施工使用强夯冲击技术；实行试验段合格制度，坚持首件验收制，并按首件合格件产品的相关要求进行质量控制情况；实行规范化施工现场管理。做到施工标牌设立统一、施工段落清晰、工作内容完整、责任人明确、施工方法得当、施工恰当有序；在监理独立试验基础上，对二灰、水稳、水泥混凝土、钢筋、沥青混凝土、支座、伸缩缝等重要材料委托有资质的第三方现场随机抽检；对重要工序的分项实行总监办、驻地办、监理组联合验收；提高隐蔽工程的验收要求，隐蔽工程的验收注重过程和资料；成立创优领导小组，编制目标明确、措施有

检查试验室内业资料

组织三方验收满堂支架

质量分析会

蓝派施工路基

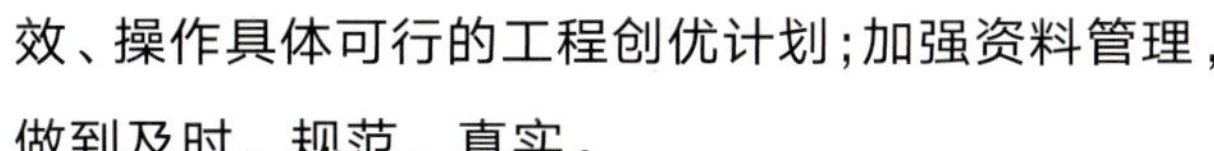

效、操作具体可行的工程创优计划；加强资料管理，做到及时、规范、真实。

首环项目公司还组织了对于危险性较大的施工方案的专家评审，包括：钢栈桥施工安全技术方案、深基坑钢围檩施工安全技术方案、龙门吊安装拆除安全技术方案、小箱梁安装安全技术方案、钢箱梁安装安全技术方案及现浇箱梁满堂支架施工安全技术等方案，共计12次。

此外，首环项目公司还积极组织开展高新技术课题研究，共计14个，分别为：《收费广场汽车尾气中有害气体的立体降解技术》《环氧树脂混凝土在钢桥面铺装中的应用研究 》《京沪互通匝道路基旧路拼宽施工技术研究》《跨京沪高速钢箱梁节段拼装施工技术研究》《建筑废弃物填筑高速公路路基施工技术研究》《盘扣支架运用研究、华北地区温拌沥青冬季施工技术研究》《平原地区大型梁场标准化建设技术研究》《北运河特大桥钢混组合梁施工技术研究》《北运河特大桥钢管立柱式组合支架变形监测技术研究》《跨京哈小半径匝道桥钢箱梁安装施工工艺研究》《跨既有线边坡承台施工基坑开挖施工技术研究》《改性沥青组合结构桥面防水层技术研究》《预制箱梁整体纵移自动拆模施工技术研究》。科研课题与项目施工的结合，不但极大提升了首环高速项目的科研水平，为项目顺利峻工提供了科技保障，并且为今后高速公路施工积累了丰富的实践经验。各施工分部还分别申报了北京市“结构长城杯”，并得到了现场评审专家的普遍好评。

优化资源配置
力促社会效益、经济效益双丰收

——首都环线高速公路有限公司运营服务简析

2018年6月30日，首都地区环线高速公路（通州—大兴段）正式建成。该工程路线全长38.2公里，双向6车道，桥梁共27座，其中互通式立交7座、分离式立交5座、特大桥4座、大桥 3座、中桥4座、通道桥4座，桥梁占比45%。全线设市界主线收费站1处，匝道收费站5处，养护工区1处，停车区1处，管理分中心1处 ，其中市界主线收费站与管理分中心、养护工区合建。全线车道数112个，其中河北境内入口车道25个，市内车道：人工道63个，ETC车道24个。

与以往工程建设不同，工程建设方中交一公局并没有因为工程峻工而敢稍有轻松，因为他们即将面临更加严峻的局面。相较只有几年的工程建设期，公司未来25年都将为首环高速的运营而竭尽全力，而这也是一公局承接首环高速PPP项目必须经历的挑战。

实战PPP，中交战略适应新变化

作为像中交一公局这样的超大型公司来说，曾几何时，EPC（工程总承包）这种建设模式是绝对的主流，但随着BT、BOT特别是近几年PPP项目的兴起，公司也在随着市场的变化而进行积极的调整。

目前，中国交建制订了“五商中交”（全球知名

工程承包商、城市综合体开发运营商、特色房地产商、基础设施综合投资商、海洋重工与港口装备制造服务商）以及“三转”（转产、转商、转场）的目标，一公局也确定了“强好优”（做强承包商、做好发展商、做优运营商）的经营策略。

“五商中交”是公司根据外部环境变化和内部发展需要，在现有业务、市场、资源的基础上进行的战略升级，它不仅是业务的发展，更是从全局上、系统上对公司未来发展的科学定位。“五商中交”的战略升级主要体现在：产业发展升级，由以工程承包为主，升级为承包商、投资商、制造商、运营商融合发展的产业格局；资源配置升级，由以国内、中交内资源组织为主，升级为用各种有效方式采集全球优势资源进行整合、配置的全球一体化的网络运营模式；业务统筹升级，由以设计、施工、装备制造为主，升级为高端策划、融资投资、系统集成、地产开发、工程建设、设备提供、运营服务全产业链相互协同，大型综合项目统筹与专业化、区域化相配合的新布局；产融结合升级，着力推进金融创新，将金融服务贯穿产业链全过程，实现由产业链向价值链的升级。

集团和局两级公司深刻把握供给侧结构性改革反映出的市场需求变化、新阶段社会需求层次的提升以及国家战略催生的新兴产业机遇，着力面向国家战略转、面向高端领域转、面向更高需求层次的产业转。不断转变传统商业模式，从传统的招投标，向投资、资本导入、战略框架、一揽子协议等方面转变；从传统的承包商，向开发商、投资商、承建商、运营商转变。

正是这样与时俱进的经营策略转变，最后促成了中交一公局首环高速PPP项目的顺利实施，也体现了中交一公局的卓越实力。要知道，经营PPP项目，要求企业充分掌握投资决策数据和工具，提高投资决策水平，对于企业的综合实力是巨大的挑战。

首环高速的概算总投资约120亿元，10个亿在账上沉淀2个月就会产生上千万的利息支出，这要求投标公司在融资过程中要考虑资金的时间成本，同时既要保证建设期资金及时供应，又要最大限度减少资金沉淀的利息损失。而中交一公局通过优选融资银行，降低贷款利息率等手段，取得了非常理想的效果。不但保证了施工建设期的资金正常，同时极大压缩了总体成本，为后期运营赢利的顺利实现奠定了良好的基础。

强强联合，运营模式因地制宜

首环高速运营期首都环线高速公路有限公司（以下简称首环公司）主要工作内容包括收费管理，监控管理，机电系统维护及维修，路产管理，养护巡查、大中小修保养、应急抢险救援及管理中心、服务区的管理和经营等。作为北京建成投入运营的第一条PPP项目高速，首环公局对于后期的运营管理服务非常看重，因为运营期才是真正检验项目成败与否的开始。

高速公路PPP项目的运营服务虽然有其特别之处，但是和其他建设模式的高速公路一样，毕竟还是有很多共通之处，因此以往高速公路的运营经验就成了非常宝贵的财富。而一公局恰恰在重庆、贵州已经有了几条开通并投入运营的高速公路项目，也积累了一些经验。

根据一公局在其他省市高速公路运营的经验，首环公司总结认为，公路运营后，经营的侧重点要围绕“增收节支”这四个字通盘考虑。而实际上，为了达成这一目标，首环公司在在建设期就对运营问题进行了考虑。比如购买质量好、性价比高的设备，提高使用年限，减少后期维修成本等。而之所以会这样做，也是PPP建设模式带来的必然结果，因为建设、运营的主体一以贯之，所以就要求企业必须以主人翁的心态来统筹对待每一个环节，分析整体效益以及利弊得失，不能像以往常规建设模式一样“自扫门前雪”，只管建设不问运营。

除了在建设期做好基础工作，在真正的运营期，首环公司还确定了三个要求：一是要加强运营管理，不断提高管理的科学化、精益化水平。比如设定科学的管理考评制度，促进公司节水、节电，杜绝衣食住行等方面不必要的浪费等。二是依靠科技进步和信息化管理手段，减少用工，节约人工成本。三是多元化经营，凭借自身优势围绕高速公路桥下空间、会议餐饮服务等为企业创收。

在运营模式的选择上，结合北京市高速公路运营养护管理的经验和习惯及公司实际情况，首环公司将收费管理、监控管理、机电系统的日常维护及维修、路产管理、养护巡查、应急抢险救援等工作委托北京市首都公路发展集团有限公司实施，首发集团组建由运营分公司、安畅分公司、养护公司、云星宇公司组成的运营管理团队负责委托业务的实施；首环公司进行组织管理，对其运营服务质量、经济指标、安全管理进行监督、检查、考核。首环公司同时负责对未委托业务的组织实施管理，主要对收费站设施、土建日常维修，绿化养护，管理中心的餐饮、保洁、保安、维修等物业服务，收费广场、大桥照明维护维修，服务区管理，桥下空间等进行管理。

为了确保运营管理的及时到位，首环公司强化了运营组织机构，领导班子设董事长、党委书记1名（一公局），总经理1名（一公局）、副总经理

2名（首发1名，路建1名），财务总监1名（一公局）。设置4个部门，即综合管理部、财务稽查部、经营管理部、收费养护路维部。

多元化经营，运营收益前景可期

国内绝大多数高速公路是政策约束下“使用者付费”的经营性项目，是社会效益和经济效益的有效结合，体现出公益性质和商品性质的双重属性。而首环高速地处首都，社会效益与经济效益的平衡更是显得特别重要。

对于这个问题，一公局在投标首环高速时就已做好充分的考虑，公司认为，项目作为国家交通基础设施工程，肯定要遵从国家有关政策和规定，最大程度体现其公益性。而在经济效益方面，则做到该予的予，该取的取。

首环高速项目投标时，一公局报价是每标准车公里0.53元，这一价格是由向用户收费和政府补贴共同构成。之所以报出这样相对较低的价格，一公局有多方面的考虑，但最重要的因素是，从公司前几年在外埠投资并已经通车运营的项目来看，车流量的多少是项目能否实现盈利的关键。而一公局测算的首环高速保底车流量比例为75%。按照北京市收费高速公路以往的经验，首环高速的车流量应该有相当的保证，这也是一公局报价最重要的信心所在。

由于首环高速运营期长达25年，一公局对于运营过程中资金回收的压力和风险也并非没有一丝顾虑。但鉴于这些压力风险主要来源政策的影响，而从近中期来看政策大都利好，也坚定了一公局资金回收没有问题的信念。

对于首环公司来说，还有一些运营利好消息非常提振精神：首环高速公路北京段两端河北段已经建好投入运营，京秦高速公路北京段也即将通车，特别是北京市政府迁到行政副中心，东六环入地改造开始实施，大量车流将疏解到外环通行。而随着京津冀一体化的推进和路网构架的不断联络贯通，首环高速公路北京段道路的车流量还会有一定幅度的稳定增加，实现盈利可以说已是板上钉钉。

虽然高速公路的运营收益绝大部分来源于用户收费及政府补贴，但是对于首环高速的多元化经营，首环公司依旧非常重视，而且已经有了初步设想。在符合国家和北京市的相关政策，报有关部门批准、许可的前提下，首环公司决定从三个方面入手：一是管道的出租，二是桥下空间的多元化开发利用，三是加油站和广告的经营，力求广开源头，努力实现创收、增收。加油站等虽然开发起来有困难，成本也较高，但从长远来看，效果和收益非常值得期待。

虽然针对运营进行了充足的准备，也有十分强烈的信心，但一公局表示，运营的确还不是公司特别擅长的业务，包括运营的人才结构、知识储备都需要补充，需要学习的地方还很多。随着运营工作的介入，后期公司要大力培养运营方面的相关人才，积累经验，向着纵深和专业化方向发展。未来，公司也将借助这条路来打造一个具有“中国交建”特色的主题文化服务区，宣传企业，让更多的人认识中交，了解首环。

衔得一番春时雨　喜获几分秋后实

——首环高速房建项目建设纪实

长桥平地起，鸿沟变坦途

在万众期盼中，一条连通北京内外、路畅景美的康庄大道贯通京冀，远远望去，绵延不断。说是一条路的骄傲，不如说是京津冀一体化发展的骄傲和北京周边地区经济腾飞的骄傲。在这份骄傲中，房建分部的小伙子闪烁着智慧的光芒，致使房建工程充满亮点。

科技兴企树理念，品质源自好品牌

好品质源自中交一公局长期坚持“以人为本、科技兴企”的经营理念，中交一公局是中国交通建设股份有限公司的全资子公司，是以承建基础设施工程为主，产业链条比较完善的大型公路工程施工总承包特级企业。培育房建业务品牌是中交一公局“打造六大品牌建设”任务之一。

中交一公局坚持以技术创新、管理创新为支撑点，以产业结构转型为突破口，高标准、创精品，大举进军房建领域。2017年，中交一公局在房建经验交流会上明确指出了“房建板块打造以建筑公司为引领，联合其他3至5家具备相应业务量的单位组成综合管理体系，打造品牌和队伍，把房建板块做大做强”的发展战略。

2012年4月，中交一公局成立北京建筑分公司，其前身是局桥隧公司房建部(建筑二级资质)和北京鑫基建筑工程有限公司(建筑一级资质)。中交一公局房建板块驶入发展快车道。

成立五年间，中交一公局北京建筑分公司承建了多项北京市大型公益设施，如政府机关办公楼、体育场馆、停车场、高档宾馆等，同时还承接了许多住宅楼、特色小镇、地下管廊、河道景观、学校、酒窖等工程的建设。其中有一批是技术含量高、施工难度大、结构复杂的国家重点工程项目。承建工程多次获北京市“结构长城杯”奖，北京市“结构优质工程”、北京市“优质工程”殊荣，在工程饱受赞誉的同时，企业随之获得了“全国先进集体建筑企业”“北京市质量信得过单位”“北京市诚信、守信、文明企业”“用户满意企业”“重合同、守信誉企业”等荣誉称号。

半年忙着赶工期，神秘小伙最着急

2018年1月，中交一公局北京建筑分公司承担了首环高速38.2公里长的沿线附属房建设施施

工任务，仅用时6个月。完成了大兴区采育镇管理养护区1处、大兴区采育镇大型市界主线收费站1处、大兴区采育镇至通州区西集镇沿途匝道收费站5处、通州区西集镇停车区1处等总建筑面积约1.7万平方米的施工任务。

管理养护区

规划用地面积	36006.84m²		总建筑面积	12524.24m²	
单体名称	结构	层数	高度	建筑面积	基底面积
管理分中心及收费站主楼	框架	3	13.05m	4611.92m²	1937.5m²
员工宿舍楼及活动中心	框架	4	16.35m	4217.15m²	1226.17m²
职工餐厅	框架	2	10.05m	1131.75m²	540m²
附属用房及中水处理站	框架	1	4.7m	320.3m²	320.3m²
养护工区主楼	框架	2	9.35m	1535.95m²	772.37m²
材料库、车库及消防泵房	框架	1/-1	5m	506.4m²	455.4m²
营业大厅	框架	1	4.7m	166.91m²	166.91m²
门卫室	框架	1	4.6m	33.86m²	33.86m²
加油站大棚	钢结构	1	8.75m	582.06m²	582.06m²

收费棚

名称	结构	高度	净高	建筑面积	车道
主线收费棚	钢结构网架	13.9m	6m	2186m²	26
京福匝道收费棚	钢结构网架	11.6m	>5m	873.48m²	4进6出
京沪匝道收费棚	钢结构网架	11.6m	>5m	1373.74m²	7进9出
大德匝道收费棚	钢结构网架	11.6m	>5m	1206.98m²	5进9出
漷小匝道收费棚	钢结构网架	11.6m	>5m	956.86m²	4进7出
京津匝道收费棚	钢结构网架	11.6m	>5m	956.86m²	4进7出

停车区

规划用地面积	40151.75m²		总建筑面积	3386.44m²	
停车数 北侧地块和南侧地块分别可停靠：			大车30、小车66、残疾人停车位3、充电停车位31		
单体名称	结构	层数	高度	建筑面积	基底面积
北侧服务站	框架	1	6m	1135m²	1070.4m²
南侧服务站	框架	2	9.6m	1500.52m²	932.21m²
维修间1#	框架	1	5m	110.53m²	111m²
维修间2#	框架	1	5m	110.53m²	111m²
加油站收费用房1#	框架	1	4.25m	122.77m²	122.77m²
加油站收费用房2#	框架	1	4.25m	122.77m²	122.77m²
水泵房1#	框架	1/-1	4.4m	142.16m²	96.4m²
水泵房2#	框架	1/-1	4.4m	142.16m²	96.4m²
加油站大棚1#	钢结构	1	8.45m	682.95m²	682.95m²
加油站大棚2#	钢结构	1	8.45m	682.95m²	682.95m²

房建工程项目经理王凤利是一位有些神秘、眼间闪烁异域色彩的汉族小伙，黝黑的皮肤，深陷的眼窝，个子不高，不善言辞，仿佛所思所想已在肚子里生根发芽。我跟他打趣：“天黑时你不笑我都看不见你”，他也只是笑笑，并不言语。

他虽胸有成竹，却也压力重重。多项工程需在6个月内结束战斗，且绝对不能延工，绿化、机电工程正尾随其后步步紧逼，时刻准备进场。另外，北京界内高速对工程都有高于外埠的施工要求，工程品质不容瑕疵……时间太紧张了，离交工节点只剩下1个月，作为项目经理，王凤利最为着急。

房建项目在没进场时就开始准备了，1月初工人们就开始工作。从早上5点开始，实行两班倒制度，每天要工作到晚上九十点钟，如果条件允许，工地将24小时施工。最近天气多雨，问及天气对他们有何影响时，项目经理表示，下雨影响很大，但不是影响品质，是影响进度。下雨会影响施工效率和工作环境导致窝工，如混凝土作业是要求避开雷雨天施工的，一些焊接作业是禁止雨天焊接的，有雨水时，水泥干的也比较慢，室外工程会受到很大影响。

严格把控避延误，详编计划争进度

王凤利介绍说，影响工程施工进度的因素有很多，归纳起来主要有以下几个方面：工程建设相关单位的影响； 物资供应进度的影响；资金的影响 ；设计变更的影响；施工条件的影响；各种风险因素的影响；承包单位自身管理水平的影响。

为了避开延工因素，王凤利精心组织，加快工程进度。首环高速是北京市重点工程项目，按照指挥部提出的2018年7月通车的要求，房建分部强化领导，统一部署，科学组织，加大投入，抢天夺时，加班加点，迅速掀起了施工高潮。

王凤利对进度的把控极其严格，详编计划，统筹安排，针对沿线交地晚、有效工期短的不利情况，房建分部按照建设单位整体工期安排，结合工程建设实际情况，制订了详细的进度计划，倒排工期，将工程目标层层细化，明确到组，具体到人。采取以日保旬、以旬保月、以月保总目标的管理办法来保证进度目标的实现。房建分部通过完成阶段性目标，打开了工作面，为下一阶段的施工创造了条件。

强化管理、狠抓落实为明确目标按时完成圈定了框架。房建分部进一步加大工程管理力度，强化组织和协调，以工程进展为核心，优化配置工、料、机，为确保目标得到落实，房建分部成立督导小组，制订奖惩措施，完善考评细则，工程、质检、安全部门全力跟进，保证施工提质加速。

便民利民巧布设，以人为本赢尊敬

王凤利说，当务之急是严格按照设计文件开展作业，其间别出纰漏。首环高速房建工程由北京市市政工程设计研究总院有限公司和中咨泰克交通工程集团有限公司根据地块交通区位条件和规划要求，结合地形地貌等情况，总平面布置按照一次总体规划，一次性实施，合理分区，既统筹规划又利于施工的原则进行设计。

两家设计单位均是以咨询设计为主业，同时具备覆盖工程项目全生命周期综合技术服务能力的现代咨询设计集团。此次参与首环高速房建项目设计，是站在了服务于国家战略及首都功能定位和全球化视野的高度，设计理念是“以人为本”。巧合的是，“以人为本”又与中交一公局“以人为本、科技兴企”的经营理念不谋而合。

当“以人为本”结合了房建工程，其精髓就体现为便民利民。“以人为本”主要体现对停车区房建设施的布设。首环高速停车区不以消费为“王”，而以便民利民为尊。举例说明便可知一二。当车辆经过下匝道进入首环高速停车区，首先驶过的是充电桩，后依次经过洗手间和超市，最后到达餐厅，在上匝道出口处可对车辆加油和维修。服务区域在先，消费区域在后，完全尊重自然规律的一条龙设计，优化了以往高速服务区先消费再使用的通行顺序。

两侧停车区共可停放大车60辆，小车132辆，并设置残疾人士专用停车位6个。单侧场地都

采用服务用房后置的设计方案，把空间尽量多的留给停车区域，并在每侧设置加油站一处。沿着停车区到功能区，共设置了3条宽0.4米的盲道，超市、餐厅、洗手间共设置了3条1.5米宽的残疾人坡道，洗手间到超市的连廊上方装置有玻璃板，两侧放置长椅。

停车区建筑立面造型采用轴对称形式，屋面采用挑出檐口，造型端庄大方，外墙主要采用米黄色真石漆，屋面为蓝黑色屋檐，富有现代中式建筑气息。涉及对收费及管理人员的安全，房建分部也有考虑。收费站布设天桥方便收费及管理人员安全抵达工位。

因距离上个服务区的距离不到50公里，属于两个服务区中的串场，此处设置的虽属停车区，小超市、厕所、加油站、维修站、餐厅也一应俱全，成为一个具有综合服务能力和服务区功能的停车区。

相信这样的停车区可以为驾乘提供更多便利，这也是王凤利所希望看到的。衔得一番春时雨，喜获几分秋后实。这是中交一公局及其北京建筑分公司“以人为本”的企业精神的真实写照。与此同时，临近通车了，大七环作为首都精神文明建设的缩影，一如歌中唱响的那样，“我家大门常打开”，欢迎各方来客。

绿化设计好　公路有人缘

——访首环高速绿化分部副总经理徐捷

2018年6月，为赶工期，保质量，首都环线高速公路（下称首环高速）总面积约103.5万平方米的绿化工程段K111+200～K38+844、K0+660～K11+200正在紧张施工。

这项由首环高速七分部和中交路建集团共同负责施工的绿化工程，经过国家发改委、交通运输部、北京市规划和国土资源管理委员会批复，绿化工程建设资金9300万元，由北京市市政工程设计研究总院担任绿化设计，工期为2018年1月20日至6月30日。

首环高速绿化遵循经济适用的方针，植被苗木选种"亲民"。好种、好活、好长、好管、好看的"五好"原则既经济又适用，给首都的大七环增添了不少乡土味儿。

借景生美景，浓浓乡土味儿

首环高速绿化分部副总经理徐捷一早来到会议室，他说，他有一些施工理念急于告诉记者。"首环高速绿化工程要注重展示与协调这一设计原则，为了尊重与展示自然与人工景观特质，对好的自然景观采取了'借景'的施工方式，即将视线所及范围内的优美景观组织到道路景观内，道路不破坏原有的地貌景观分布，恢复公路穿越原始景观造成的割裂，使道路沿线景观与原始景观融合，不因公路穿越造成原始景观破坏，最终形成公路大景观，保持当地原有的乡土味儿。"

为更好实现"借景"施工，施工单位在苗木选种上花了心思。徐捷介绍："苗木选种非常重要，为尊重当地原有的乡土味儿，采用了乡土化设计方式，原则上多选用沿线区域苗源，多种植沿线区域树种。"

记者采访发现，首环高速边坡绿化采用了铺贴六棱空心砖生态护坡形式，中心种植的是五叶地锦、紫穗槐、沙地柏等苗木；立交处乔木以元宝枫、刺槐、白蜡、油松、紫叶李等为主，灌木地被以连翘、红王子锦带、金银木、红花绣钱菊为主，林下播种紫花苜蓿，阳光地种植多种野花组合而成的草花地被，突出郊野之趣；大型立交因形式较为复杂，选

用乡土色叶树种为骨干树种，如元宝枫、白蜡、油松、紫叶李等，形成规整大气的色块式林带；在较低矮的匝道及视线可及范围内乔灌花卉并种，乔木主要选用白毛杨、刺槐、栾树、白蜡、元宝枫、紫叶李、油松，灌木地被以紫丁香、连翘、迎春、木槿、黄栌、沙地柏为主。林下种植紫花苜蓿、玉簪等耐阴地被，阳光地种植三七景天、八宝景天等。

据统计，绿化工程共选用苗木110.5万余株，包括乔木类16900株，灌木类36000余株。这些苗木大多为北京乡土树种，生长后与沿线景观从色泽和样式上保持一致，使公路景观与环境和谐自然。

五好助管养，经济接地气儿

除了采用乡土化设计外，绿化苗木还要适宜当地气候和生长环境，更要便于后期养护管理。徐捷介绍：“绿化工程遵循了‘五好’原则，即好种、好活、好长、好管、好看。首环高速位于北京市与河北省交界处，夏季高温多雨，冬季寒冷干燥，春、秋短促。全年无霜期180 ~ 200天，同时也是华北地区降雨较多的地区之一，且降水季节分配很不均匀，全年降水的80%集中在夏季6、7、8三个月。因此，选种苗木均具有耐寒耐旱耐贫瘠、病虫害少、易于管理的优点。

此外，首环高速苗木选种也非常“亲民”。据了解，首环高速是一条交通分流要道，主要将北京的过境货运交通分流至外围地区，起到缓解首都交通压力的作用，绿化标准低于旅游大道和景观大道，经济性却很高，因此，绿化苗木没有选种高档树种，苗源均来自周边市场，经济实惠又不失美观，非常接地气儿。如选用的紫叶李，其叶常年紫红色，为著名观叶树种，孤植群植皆宜，能衬托背景。尤其是紫色发亮的叶子，在绿叶丛中，像是永不凋落的花朵点缀在道路两侧。

季相变化大，养眼有人缘儿

徐捷同时介绍：“所选苗木是以乡土彩叶树种为基调，这些苗木常年或在落叶前，拥有红色、黄色、紫色、蓝色、花色等非单一绿色，树姿优美，叶形秀丽，许多树种春季是嫩叶红色，秋季叶又变成黄色，为著名秋季观红叶树种。植物颜色随季节变化十分明显，形成了持续有效的稳定景观。”

记者观察到，加以高低错落的种植方式，首环高速公路绿化色彩和层次非常突出。首环高速绿化采用了不同的种植的形式，如在转弯匝道及收费站视线良好处，通过植物造景形成花灌木地被为前景，大乔木为背景的多层次植物景观，植物主要选用秋色叶树种，突出夏秋景观区别。大型立交处因其形式较为复杂，各条匝道高低错落，京津高速立交绿化以自然式种植形式为主，突出郊野自然的设计风格，苗木色彩穿插搭配；京哈高速立交绿化以规则式种植形式为主，突出以圃代林的特点，在较低矮的匝道及视线可及范围内种植花灌木，形成乔灌花卉相结合、色彩穿插搭配、高低错落的植物层次。

此外，首环高速绿化充分考虑行车安全性，成片、成段种植考虑行车视距和防眩光要求，真正做到防护与观赏相结合。正如徐捷所说，行车观观景，驾乘提提神，大家喜欢走，这条公路的人缘儿就好起来了！

探索现代化机电管控新格局

——访首环路建四分部项目经理邓启明

首环高速机电设施分布在三处匝道收费站、一处服务区、两处枢纽互通。近年来，“互联网+”结合机电系统应用广泛，首环高速以互联网技术搭建应用平台，实现监控、通信、收费、供配电、照明等现代化管控。

长期以来，首环高速机电分部紧密围绕“互联网+”，共克难关，不断探索，建立管控新模式，突破了长距离供电、高灯照明、语音交换的短板，形成了“稳定可靠、节能环保、便捷高效”的管控新格局。

监控，浮动电压稳定可靠

首环路建四分部项目经理邓启明负责机电项目的施工，他认为，外场监控设备起到对数据的采集作用，而对外场设备的供电，既要考虑到供电电压的稳定，又要做到节约成本。“首环高速采用了浮动电压远距离供电技术，供电系统基于浮动电压原理，达到了长距离、稳定供电的目的。”邓启明介绍说。

邓启明在接受采访时表示：“首环高速道路设计等级较高，监控系统全程布设全时监控，设备布设较平均和密集，监控设备稳定供电十分重要。以往受传输距离过远的影响，导致压降过大达不到正常、稳定供电效果，浮动电压远距离供电技术传输距离远，线路电压可调，供电质量稳定，室电通过高低压的转换，影响电路质量的谐波被滤除，设备端用电质量比室电质量更稳。”

据了解，浮动电压远距离供电是近年来出现的一项技术，它伴随着公路对全程监控的要求出现。以往涉及远距离供电大多采用风光互补或太阳能供电的方式解决远距离供电难题，受天气制约较严重，养护也困难，且蓄电池成本较高，供电质量也不稳定，系统或环网结构中的一个点出现问题将导致全网掉线。浮动电压远距离供电技术保证了稳定可靠的供电环境，数据可不受距离、气候的影响正常采集和传输，可以说，是一个巨大的进步。

照明，无极调光节能环保

道路两处枢纽互通的高杆灯照明和特大桥的照明是用电大户，“首环高速机电设计倡导节能环保。桥梁照明采用无极调光技术，在满足照度的情况下，亮度可根据环境适时、自行调节，手自一体，技术的采用将节约不少运营成本。”邓启明告诉记者。

据邓启明介绍，以往高速公路灯光照明采取

或开或关，分组不分级的控制方式，无极调光技术伴随着led灯的发展而出现，led灯较之高压钠灯具有对高压电流变化不敏感、不易损坏的优点，与无极调光搭配合用可在亮度分级变化时保证灯泡耐久性，在设计上体现了节能环保理念，或将成为公路照明通用方案。

无极调光技术由首环通信中心软件平台根据设定好的光照条件对应的调光等级通过互联网发号施令，中心感知环境及光照季节和时段车流量变化，对灯光照度做出选择。灯具既有供电线路，又有控电线路，简言之，只要有电线，就能进行数据传递。

语音，软交换便捷高效

邓启明同时表示："近两年来，语音交换技术在高速公路收费管理中使用较多，以往采用程控交换系统，随着技术的发展和高速公路里程数的增加，语音、数据、图像规模增大，用户网络越来越多，信息环境更为复杂，现有程控交换技术不足以满足需求，软交换概念现已成为电信行业中倍受青睐的做法。由于既能执行与基于硬件的传统电话交换机相同的功能，又能同时处理IP通信，优势明显，如轻松整合电路交换和分组交换、降低网络成本等。"

据了解，首环高速正是采用这种基于以太网的软交换技术，渐渐脱离大型交换机的硬件设施，更依赖以太网，传输方式节省环节，对硬件设备有很大节约，软交换技术主要应用在收费站和监控分中心的通信处理中，邓启明说，它最大的好处是可提供综合信息服务，使管理更便捷高效。

理念+技术双重防护强化交通安全警示

——访首环高速交安工程项目经理王立民

转眼间，首都环线高速公路（下称首环高速）即将迎来全线贯通，六环将告别大货车过境主要通道的交通压力，转由外环接棒。北京工业大学城市交通学院院长、交通运输部智能公交行业重点实验室主任陈艳艳曾分析说，北京修建首都环线的主要目的，就是缓解六环的货运压力，而对于通州至大兴段来说，“更直接的原因，应该是将东六环过境车辆向副中心外围疏导。”

货车通行多了，道路交安工程如何贴合货车设计，如何更好保证车行货运的安全，是最令王立民关心的事情。

理念防护突出安全为首

王立民，首环高速交安工程项目经理。“道路交通安全讲的是两方面：一方面是防；一方面是护。防要以交通标识、标记、标线防范事故发生，护要以护栏、隔离栅、防撞垫减轻伤害。防和护没有统一的衡量标准，需要理解环境，因地制宜进行设计。”王立民告诉记者，针对大货车通行较多，交安工程理念+技术双重防护强化安全管理。

王立民负责交安工程K11+200 ~ K38+844段施工，交安工程建设总里程28公里，工程总投资额9624万元。安装波形梁护栏861米，标识368处，标线62885平方米，隔离栅52.6公里，防眩板18368块，工程建设等级为高速公路A级。

据王立民介绍，因道路通行主体的特殊性，交安工程始终把安全放在首位，提出了“主动引导、被动防护、全时保障、隔离封闭”的设计思路，突出“安全、耐久、服务、美观、可持续发展”的设计理念，在设计中科学确定技术标准、合理选择技术指标，坚持提高创新能力和设计文件的科技含量。道路交安设施设计突出贴合大货车通行的特点，为道路使用者提供安全、快速、经济、舒适的服务。

王立民要求施工时严格遵照设计文件，如安全设施标识施工时执行主线的限速标识分车道限速，进入高速公路前设置组合禁令标识，停车区前设置了提醒驾驶人勿疲劳驾驶标识，进入高速公路后设置系安全带标识，这些措施既提醒了注意行车安全，又不乏味和耐视觉疲劳；如安全设施护栏施工时，在桥梁混凝土护栏与路基波形梁护栏连接位置设置了桥头加强段，保证护栏的连续性，通过护栏结构的调整使护栏刚度渐变。在事故多发路段提高护栏防撞等级。活动护栏采用具有AM防撞等级的活动护栏；如安全设施标线施工时，在互通立交、停车区出口匝道及收费广场前设置减速标线，引起驾乘人员警觉。

技术防护重在强化警示

王立民坦言："为保障大货车安全通行，交安工程采用了成熟的施工工艺，为道路使用者提供更加人性化和周到的服务，理念+技术双重防护实现'全方位、多角度、无空白的安全保障'的目的。"

据了解，为提升大货车通行警示效果，全线波形梁立柱粘贴反光膜，能把各个角度入射的光反射出相对集中的平行光，在没有光的条件下会表现得很暗，一旦有光亮射到标识牌的表面则沿着来时的方向射回，高速公路在反光膜的作用下，路宽、拐弯、坡度一目了然。王立民表示："近年来，一些设计时速较快的道路(如高速公路、快速干线、一级公路等)和一些经济发达的地区市内道路大多使用逆反射系数高、反光亮度强的反光膜制作道路指示牌，反光膜在首环高速的应用主要为货车驾驶人打开视野，提高警示效果。"

为进一步提醒货车驾驶人安全驾驶，道路90%的路段涂抹了双组份高亮标线。双组份高亮标线反光亮度高，持续时间长，高耐磨、高洁度、强附着且环保，此外，双组份高亮标线在雨夜或潮湿环境下提供高反光，提升标线的可视性，使道路标线反光提升到新的标准，可缓解驾驶疲劳，也降低了雨天事故，为驾驶人和乘客的安全又增加了一层保障，实现了道路标线在安全行驶中发挥的最大作用。配套于双组份高亮标线的还有振荡标线，其外形呈凹凸型，基底加突起部分高度为5~7毫米。通常制出点形、条形等，车子经过有震感，对驾驶人有很好的警示和提醒作用，相比于减速道路钉(铁质)所产生的声音又要轻柔很多，是一种目前国际上发达国家使用比较普遍，具有国际先进水平的高新技术产品。

王立民同时介绍，为方便特种车辆（如交通事故处理车辆、急救车辆等）在紧急情况下快速挪移，道路还增设了活动护栏，设置在中央分隔带开口处，活动护栏在正常情况下要求具有一定的隔离性能和防护性能，在临时开放时应能快速、灵活地移动。此外，考虑到事故货车处置，为降低事故严重度，道路在较危险、事故频发的路段放置了防撞垫，通过吸收车辆碰撞能量使车辆安全停止，并使车辆改变行驶方向避免乘员受到严重伤害的设施，其主要功能是降低事故严重度，另一方面也通过其表面颜色和图形符号起警告和引导作用。

SANY
吉D-6

以路为尺　丈量人生

——平凡人物剪影

他们是筑路工人，是一群不知疲惫的旅人，他们不知修了多少路，却没有一条是回家的路；他们是筑路工人，不是巨人，却像巨人一般在版图上筑造出一条条腾飞巨龙；他们是筑路工人，似乎一生不曾有丰功伟绩，却在平凡的岗位上创造着不平凡的事迹。

他们努力迈步，矢志坚守，他们将青春无悔地献给了路桥事业。当工程竣工建设浪潮褪去时，没有人记得曾奋斗在一线的他们，忘却了那些不眠的日夜和机械的声声轰隆。

以路为尺，丈量人生，他们少有豪言壮语，没有丰碑载记，却用行动诠释了主人翁精神，用行动点亮了螺丝钉的光辉。谨以此篇素人剪影，向这些描绘祖国新蓝图的一线筑路工人聊表敬意。

安保部长管事宽
——王承武

有这样一位安保部长，把单位当成了家，把员工当成了家人，把安全生产管理工作当成了家务事儿，他常说，这样一来便不觉得累了。工地上的施工人员嫌他管得宽，因为他既负责着自己的安全，又负责着工地上施工人员的安全，简言之，但凡工地上涉及安全生产的桩桩件件的大事小事，他全都要管。

这位安保部长，是首环高速第一总监办安保部部长王承武，来自北京京博通工程项目管理有限公司。事无巨细地强抓安全生产管理，是王承武的工作职责，也是他参加首环项目建设以来，有效确保生产安全、提升工程品质的手段。

说起王承武的“事无巨细”，有工人讲述了这样一件事。项目建设期间时值党的十九大召开，在十九大召开的前一个月，王承武频繁组织各项目分部召开安全维稳吹风会和动员会，先后多次组织安全专项检查。用王承武的话说，他虽为一名基层建设人员，也得为十九大的顺利召开当好一块砖。在十九大召开期间，王承武坚持每日到工地巡视和检查，以便于排查一切安全生产隐患问题。

在平日里，王承武认为坚持学习安全生产法律法规非常必要且人人有责，在他自己坚持学习的同时，也对一同施工的其他人员进行正确的引导，强化施工人员对待安全生产的自愿、自需、自求意识，加强全员的安全生产责任意识。为了让每名施工人员都切实感受到安全生产的重要性，王承武还多次组织施工参加安全知识技能培训，组织各施工分部开展业务学习交流活动。王承武常说，安全是员工的生命健康，也是企业所追求的最大效益，更是企业的形象和未来。

六年磨炼褪稚嫩
——韩继春

初次见到韩继春是在2011年的冬天，他鼻梁上架着一副近视镜，坚守在重庆涪丰石项目的一个基层岗位上。那时的韩继春刚刚走出校园，稚气未脱。再次见到韩继春已是2017年，六年间工地生活的跌爬滚打已褪去了他的稚嫩，肤色不复当年的白皙，做起事来显得非常干练。

如今他是首环高速项目二分部项目副经理，是千千万万成长在基层、坚守于基层、服务于基层的筑路大军中的一员。时隔六年，韩继春仍然奋斗在他所热爱的路桥事业里。此次参建首环高速项目期间，常常能够见到他在夜深或晨起时，和工人们一起讨论工地现场遇到的疑难问题，或者配合项目经理对待解难题出具解决方案。

韩继春是个工作快手，对待工作向来都能火速完成。在首环高速二分部交工验收前夕，他没日没夜地坚守在施工现场，带领施工人员对全长3.737公里的桥梁路段一步一步地排查，仔细斟酌每个隐患部位，发现问题后及时采取措施整改不耽误，克服了重重困难，顺利通过验收。

在工友的印象里，他是个眼里心里始终有活，总能适时出现在需要帮手的时刻的“及时雨”。经常不耻下问，虚心向老试验员请教每个试验细节和要点，在“从理论到实操、再从实操到理论”中锤炼自己、反复实践，温故知新，用六年完成了成长与蜕变。

人称“工地鬼见愁”
——刘坤

刘坤是首环高速一公局四分部工程部长，提起他的固执，工地全线无人不晓。80后技术骨干却喜工人喊他师傅，还总说在这行他已经老了，而且他觉得工友喊他师傅时肩膀上担的责任感他很喜欢。

刘坤每天上班时喜欢沿全线先转一圈，对存在隐患的施工部位拍好照片发在工友群里挨个指明隐患问题，工友常和他开玩笑，称他现在已然是“鬼见愁”了：“只要你一去工地我们就会紧张。”刘坤却回道：“工友紧张说明安全做的不到位，尤其是工地最常见的个人安全防护问题，我本着对工人负责的原则提醒，一旦有事则不堪设想！”工友的一句玩笑话却换来一番义正辞严，工友只能笑笑作罢。

随着接触渐深，工友发现刘坤不仅喜欢一早去工地溜达，晚上更喜欢突击检查。夜里微信群里的大半消息都是他发的，说着哪哪的工人没戴安全帽、哪哪的工人没系安全绳、哪条路上大车陷住了等。时间久了，刘坤的敬业和有些较真儿的态度让工友充满敬佩，但有时也会遭到不满，面对质疑他又说：“现在天冷了，夜里工人多少都会有些怠慢，各类安全问题也会随之而来，安全无小事，总有顾及不到的地方，我只能尽我所能去‘找茬’。”

勤作为，勇争先
——常斌山

“常斌山在哪？”

“我在桥下！”

“桥头正在铺油面，桥面卸的伸缩缝钢板碍事，你过去看看！”

“5分钟到！”

快中午十二点了，常斌山又一次不能搭乘工地车回项目部吃饭。

常斌山是首环高速项目工区副主任。在北运河主桥38号、39号轴深水桩基施工的那段日子里，常斌山一日四餐都在施工现场解决，平均每天休息时间4~5个小时。为确保桩基施工质量，每天上下基坑十几趟，在钢板桩围堰围成的基坑里，基坑深度5~6米，潮湿又闷热。他常说，要想做得更好，就要始终保持勤劳吃苦的工作精神。

北运河高架桥是首环高速的控制性工程，且跨主河槽36号～42号轴钢混结合梁是施工全线的重点，也是确保如期完成年度施工生产目标的重要节点。如何做好各道工序的衔接施工，更一种挑战。在盘扣支架搭设的8~9米高的现浇梁施工平台上，常斌山平均每天爬上爬下十几趟。现场施工过程中，更是图、尺不离手。为了能更快地熟悉图纸，熟悉桥梁工程建设的施工原理及要求，在施工工地上，积极与工程技术人员积极讨论各种施工重点，对工作中存在的问题能及时发现并能有效地得到解决，自己不能解决时则当好领导的参谋，协助领导化解难题。

在施工过程中，常斌山从细化目标入手，合理安排施工，并制订工区相应的质量、安全奖罚细则，奖优罚劣，奖勤罚懒，兑现起来绝不手软。

冲刺最后400米
——王永平

王永平是首环高速项目一公局二分部生产副经理，在工友的印象中，他是一个喜欢挑战“不可能”的人。面对困难，王永平习惯于迎难而上，最终还能够顺利解决。

二分部的银杏树路基段全长400米，是主线上的最后一个断点。由于前期拆迁难导致路基施工工期减短，施工时间必须缩紧才能保证后续施工正常进行。王永平带领各部门成员和技术员组成抢工“突击队”，对项目提前进行部署，打破了地材垄断的制约，保障了施工物资的正常供应。他率“突击队”全天驻扎工地，连续7夜睡在车里，指挥现场不停歇地进行路基填筑，用短短的7昼夜时间，顺利完成了8万立方米填料的填筑。在全线范围内，打破了路基填料日进度记录，实现了半幅贯通的节点要求。当全体参建人员回忆起那不分昼夜的7日，无一不对他竖起大拇指。

科研智慧巧攻关
——杜景余

首环高速项目建设期间出现了一位科研技术攻关高手，自工作以来先后参与和主持了多项重点工程和大型桥梁建设，解决了施工中出现的各种技术难题，为项目获取了大量宝贵经验，这位攻关高手便是首环高速二分部总工杜景余。

杜景余2003年7月毕业于内蒙古大学土木工程系，毕业后从事高速公路桥梁、隧道、路基工程的施工技术管理工作。他的特长，是在技术上敢于创新，勇于探索。首环高速建设过程中，杜景余及其团队大力开展的科研项目，在施工中主持编制了大坡上隧道特殊地质段落、穿越煤层段及地质断裂带施工方案及技术措施；在山区缺少河沙的情况下，为提高混凝土施工性能，成立了QC小组，混凝土配合比优化设计中机制砂石料的合理控制QC成果获得中交路建现场实施型三等奖；对高墩施工钢筋劲性骨架进行优化；对空心薄壁墩外模板进行改进；对挂篮施工工序进行合理优化；对预应力混凝土盖梁两端40厘米及盖梁挡块二次浇筑进行了优化，变二次施工为一次施工；高墩施工期间发明了一种融合爬模与翻模技术的新型施工工艺挂模施工，解决了翻模施工存在一定的不安全因素和爬模施工成本较高的缺点，获得了国家实用新型专利；发明了一种用于盖梁预应力钢绞线二次张拉施工的吊篮，解决盖梁预应力钢绞线二次张拉施工过程中支架搭设困难、安全保障系数不高，长时间占用机械的问题……

首都环线二分部是一支年轻的队伍，队伍人员在施工技术管理方面经验不足，为此，杜景余每天利用晚上业余时间，组织项目所有技术管理人员进行技术知识学习，以此提升项目科研水平和技术管理水平。

智勇双全“孙猴子”
——杨林

中交一公局二分部协调部部长杨林拥有13年的筑路生涯，他说他很热爱这份职业，因为这个职业朴实、真诚、接地气，让他觉得很有意义。

工作中，杨林要协调大量征地拆迁工作，他认为只有理解百姓要的是什么，才能让百姓理解、支持拆迁工作，而拆迁也会更顺利。他讲了一个小故事：项目施工沿线外有个私家苗圃，灌溉用的是自挖的深井水，水井刚好位于施工便道上，相当制约施工。为此，他积极和苗圃老板沟通，了解到老板的想法是“能有一眼井水浇花就行”，得知老板配合征拆工作后，杨林立即将情况汇报给项目领导，通过协调，项目决定把水井保护起来，把水罐做小改移，这样可既不影响工程施工，也保证了灌溉用水。

“得有孙猴子的智慧，才敢干征拆！”他说。征拆工作需要协调建设单位、政府部门、百姓间的关系，没有孙猴子的智勇双全，难有征拆工作的顺利进展。在和百姓交流时，除了讲道理还要理解群众，和群众搞好关系；和政府部门、建设单位往来时，首先要全力配合政府部门、建设单位的工作，也要结合自身一线征拆经历，提出合理有效的解决办法。杨林由于出色的工作能力，荣获了首环高速“优秀共产党员”称号。

酸甜苦辣善总结
——温国栋

工地上谁最善于总结？当属首环高速路建四分部工程部部长温国栋。工地的酸甜苦辣，他品味的最仔细。面对项目工期紧、任务重、要求高、施工作业交叉多的情况，温国栋每日都对工程进展进行统计检查，作出总结分析，根据分析来合理组织施工。刮风下雨时为保工程进度不延误，会有选择地采取适当措施坚持施工。

他所在的路建四分部主要施工首环高速大兴段机电工程，从工程开始施工，他就整天呆在工地上，白天指导施工队，晚上整理数据资料作分析，事事亲力亲为，进度了然于心。从现场巡查监督到发现问题时立即要求整改返工，从制定工期节点到工程竣工，无论白天黑夜，只要工地上有需要，他就会第一时间出现在需要的地方。

他说，作为一名新时期的青年人，他不愿停歇前进的脚步，不愿成为被定格的人，而愿与时俱进，不断追求更高、更远、更难的目标。为此，他身边常常备上几本业务书，在少有的施工闲暇时间里埋进书堆，孜孜不倦地汲取书中的营养，自我充电。

有工友说他是“朝出两脚露，晚归一身霞”，整天泡在工地里，把年华献给了高速公路建设工地。他说，“鬼斧神工架彩虹，誓将天堑变通途”是他的使命，多少年来不变的还有他“固基修路、履方致远”的信念。

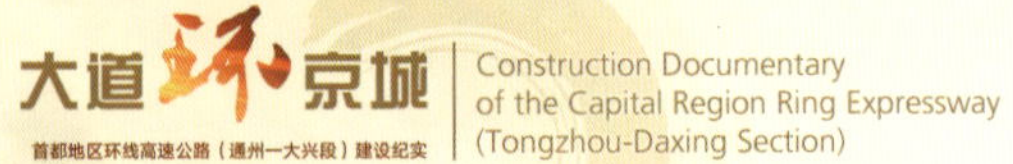

Construction Documentary
of the Capital Region Ring Expressway
(Tongzhou-Daxing Section)

首都地区环线高速公路
（通州—大兴段）

第五章 荣誉篇

Chapter 5 Honors

首环高速一公局二分部QC小组荣获2018年全国市政工程建设优秀质量管理小组一等奖

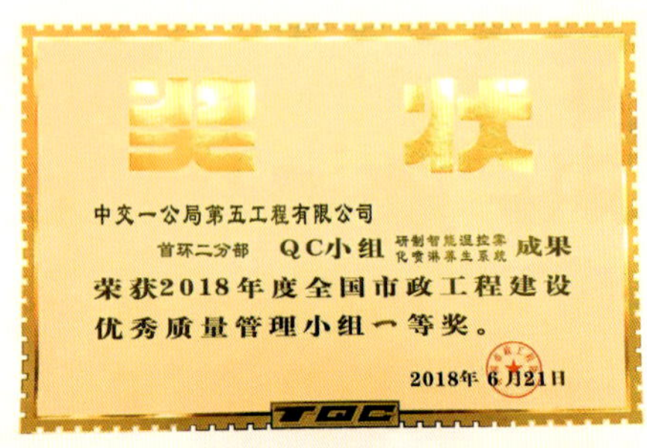

2018年6月21日，在中国市政工程协会举办的2018年度全国市政工程建设优秀QC小组活动成果表彰会上，首环高速一公局二分部QC小组研制的“智能湿控雾化喷淋养生系统”成果，荣获2018年度全国市政工程建设优秀质量管理小组一等奖。

“智能湿控雾化喷淋养生系统”适用于大型预制场梁板预制、小型构件厂及需集中大面积进行混凝土养生的施工现场的喷淋养护施工。参照试验室恒温恒湿标养室，将湿度控制仪安装在预制梁台座下方，利用传感器探测箱梁养生棚内湿度，达到设定湿度临界值时，自动开启喷淋养生。具有安装速度快、养护效果好、易维护维修、工作效率高、控制系统自动化、湿度控制自动化等特点。

一公局二分部预制场通过采用“智能湿控雾化喷淋养生系统”，取得了良好的经济效益和社会效益，节约了施工成本，提高了生产效率，实现了施工作业在质量、安全、环保各方面的多赢。

中交一公局四分部获北京市政QC成果一等奖

2018年5月6日，一公局四分部梦之翼QC小组申报的《提高高速互通式立交大跨度钢箱梁安装一次性合格率》获北京市政QC成果一等奖。

一公局四分部自进场以来积极开展QC小组活动，旨在攻克施工中的技术难题，进而提高质量与经济效益。该课题以首都环线高速公路立交桥跨京哈高速公路主跨钢箱梁为背景，因一跨钢箱梁需要多个梁段制作和安装，所以一次拼接安装尤为重要，而开展《提高高速互通式立交大跨度钢箱梁安装一次性合格率》QC课题，通过现场施工验证，切实提高了整体工作效率。

首环高速公司在2017年度安全生产与应急工作综合考核中排名第一

首环高速自2016年12月23日正式开工，面对工期紧、征迁难、施工任务重、跨路跨河风险大等多个难点，始终牢记"首都安全无小事"与"隐患就是事故"的风险理念，严格按照"党政同责、一岗双责、齐抓共管"的原则，建立健全了规章制度与安全责任体系，深入开展了教育培训、隐患排查与平安工地创建等各项工作，共同努力完成了2017年度安全生产"零伤亡"的目标。

2018年3月，北京市交通委路政局印发《关于2017年度本市交通路政行业四家企业安全生产与应急工作综合考核情况的通报》(京交路安发〔2018〕121号)文件，通报数据显示，首环高速公司在2017年度安全生产与应急工作的综合考核中以91分名列第一。

首环高速顺利通过北京市公路工程"平安工地"创建末期考评

2018年8月2日，首环高速项目顺利通过了北京市交通委路政局"平安工地"创建末期考核评价工作。

考评组领导认真听取了首环高速总承包部、总监办、施工分部的"平安工地"创建末期的工作汇报。内、外业考评组分别对收尾阶段施工与通车运营前的安全保障措施，以及各方安全管理内业基础资料进行了督查与审阅，对首环高速实现了安全生产"零伤亡"的目标，持续保持着良好稳定的安全生产环境给予了高度肯定。

反馈会上，考评组带队领导安监处处长孙荣山公布了首环高速"平安工地"初期、中期和末期考评的综合情况，所属参评分部均已达到北京市公路工程"平＝安工地"冠名的各项标准。

首环公司领导表示，安全生产工作责任重大，使命光荣，只有起点没有终点，今后将珍惜荣誉，继续再接再厉，秉承"固基修道，履方致远"的企业使命，充分发扬"交融天下，建者无疆"的企业精神，持续牢固树立"以人为本、生命至上、安全发展"的理念，深入开展"平安工地"标准化建设，不断增强安全管理水平，创新安全思路，全力为首都交通路政行业贡献一份力量。

北京首都环线高速公路（通州—大兴段）工程先进集体和先进个人

北京首都环线高速公路有限公司党委文件

首环高速党发〔2018〕1号

关于表彰2017年度先进集体和先进个人的决定

公司各部门、各总包部、总监办、施工分部：

为弘扬先进精神，树立优秀典型，团结鼓舞首环高速全体建设者在新的一年里奋发进取、建功立业，经公司党委研究，决定对2017年度中工作成绩突出的先进集体和先进个人予以表彰，具体名单如下：

- 1 -

一、优秀项目经理部

首都地区环线高速公路（通州–大兴段）工程中交路建一分部　参建单位：中交路桥北方工程有限公司

首都地区环线高速公路（通州–大兴段）工程中交一公局二分部　参建单位：中交一公局第五工程有限公司

首都地区环线高速公路（通州–大兴段）工程中交一公局五分部　参建单位：中交一公局海威工程建设有限公司

二、先进集体

首都地区环线高速公路（通州–大兴段）工程中交路建二分部　参建单位：中交路桥华北工程有限公司

首都地区环线高速公路（通州–大兴段）工程中交一公局一分部　参建单位：中交一公局桥隧工程有限公司

首都地区环线高速公路（通州–大兴段）工程中交一公局三分部　参建单位：中交一公局第五工程有限公司

首都地区环线高速公路（通州–大兴段）工程中交一公局四分部　参建单位：中交一公局海威工程建设有限公司

首都地区环线高速公路（通州–大兴段）工程第一总监办　监理单位：北京京博通工程咨询有限公司

首都地区环线高速公路（通州–大兴段）工程第二总监办　监理单位：北京正宏监理咨询有限公司

- 2 -

三、优秀总监和优秀项目经理

牛文波　单位：北京正宏监理咨询有限公司

张志刚　单位：中交路桥北方工程有限公司

高建清　单位：中交一公局第五工程有限公司

郭云杰　单位：中交一公局海威工程建设有限公司

四、优秀驻地监理组长

刘贺友　单位：北京京博通工程咨询有限公司

魏建峰　单位：北京正宏监理咨询有限公司

五、优秀共产党员

荆艳会　陈先虎　杜忠红　赵继刚　秦梓煐

杨　超　魏全良　钟凯杜　景　余　李晓东

朱邵勋　郭　斌　胡建斌　杨　林　李冬冬

马常乐　宋金柱　赵庆臣　赵忠刚　菅　荣

云景敏　任瑞永　雷　和　张　飞

六、文明职工

任玉红　陈炳铎　冯安治　高文革　秦东海

韩继春　杜广宇　周宗国　祁志强　胡建兵

李振雨　常斌山　菅　荣　赵晓伦　陈树松

- 3 -

赵成玉　王小光　王乘武

希望受表彰的集体和个人珍惜荣誉，再接再厉，在今后的工作中取得更加优异的成绩。首环高速全线建设者要以他们为榜样，在新的一年里继续开拓创新、团结拼搏，为全力推进首环高速建设作出新的贡献。

北京首都环线高速公路有限公司党委

2018年2月1日

抄送：公司领导班子、各部门。

党群部　　2018年2月1日印发

- 4 -

优秀项目经理：中交一公局项目经理郭云杰

郭云杰，首环高速公路中交一公局四、五分部项目经理。

路桥专业本科毕业，近20年党龄，先后参加沂淮、合徐北、安庆接线、京承、京秦、密涿等项目的建设。担任项目经理12年，先后担任过试验员、工区主任、项目副经理、项目经理的职务。曾获得海威公司"优秀项目经理"，连续两年"优秀共产党员"。

作为首都环线高速公路中交一公局四、五分部项目经理，理论知识扎实，业务素质管理水平高。他日夜扎根生产一线，凭借扎实的专业技术功底，丰富的施工管理经验及对工作认真负责的态度，将党员旗帜树立在施工一线，始终以党员为荣，在工作中主动带头、以身作则、率先垂范，用实际行动诠释党员的先锋模范作用，赢得了全体职工的敬佩。

荣获首都环线高速公路有限公司优秀项目经理荣誉称号。

优秀党员

首环公司征迁协调部部长陈先虎

陈先虎，征迁协调部部长，2016年12月进入首环公司工作，首环高速工期紧、任务重，拆迁难度大。

他深知作为一名拆迁部门负责人必须具备掌握拆迁政策理论水平和法律知识，才能适应拆迁工作的需要。在工作中认真学习相关拆迁业务知识，努力提高业务素质水平。同时，充分发挥自身优势，加强对区各委办局和乡镇的沟通协调，配合乡镇做好被搬迁户的思想工作，制订拆迁工作奖惩办法，督促指导各分部拆迁工作的推进，在不违背政策的情况下，及时解决每一个棘手问题。首环公司主体拆迁工作于2017年9月底顺利结束，保证了首环高速2018年6月底竣工通车。

荣获首都环线高速公路有限公司优秀党员荣誉称号。

优秀党员

首环公司副总经理荆艳会

荆艳会，首环公司副总经理。

作为首环公司领导班子副职，主管征地拆迁的工作。首都环线高速公路（通州—大兴段）是国家的重点工程，是京津冀一体化打通断头路的关键工程，工期紧、社会影响力大。该项目能否按期建成关键因素在征地拆迁上，拆迁难，在北京搞拆迁更是难上加难。

其实荆艳会之前在项目上是负责生产管理方面的，基本没有征地拆迁工作的知识和经验。他没有时间学习锻炼，却能迅速进入工作状态，敢于迎难而战，做到战之能胜。除了极强的责任心和使命感，他也将此作为对个人素质和能力的成长和挑战，始终以良好的精神状态和务实的工作作风积极的面对工作中的问题，通过主动发挥职能作用等方式方法、从细节做起，以“低头、谦虚、谨慎、担当”的态度去工作，在工作中学习，在工作中不断修正、提升自我。

经过一年多的努力，为项目按期完工提供了“地”的保证，首环项目征地拆迁工作得到了北京市政府相关部门，以及通州、大兴两区政府的高度认可，是所有北京在建高速公路项目进展最快的，成为了其他项目征拆的标杆。

荣获首都环线高速公路有限公司优秀党员荣誉称号。

首环公司计合部部长杜忠红

杜忠红，首环公司计合部部长。

首环高速项目采用政府和社会资本合作（PPP）方式实施，作为项目公司合约与造价控制管理人员，她认真学习与研究PPP模式相关政策与法律法规。以风险防控为核心，以合同管理为主线，以造价控制为中心，建立了首环项目风险防控、合同管理、计量与支付、变更与索赔相应体系。

工作中注重与项目公司各部门的合作配合，牵头编制项目生命周期总策划，牵头编制项目综合考核管理办法，并组织综合考核工作，为全线统一思想，齐心协力共建首环起到积极作用。

项目在建期间，组织材料招标9次，指导分包限价11次，为促进项目施工生产，有效控制项目施工成本，发挥了积极作用。

荣获首都环线高速公路有限公司优秀党员荣誉称号。

文明职工

首环公司人事主管任玉红

任玉红，首环公司人事主管。

作为首环公司的人事主管，严格按照上级主管部门要求和国家相关制度，按时发放职工薪资福利，认真完成需要上报的各类相关报表，更新各类人事台账和人员系信息管理系统。参与开展了青年员工职业规划工作、员工年度健康体检工作和员工业务能力培训工作，保障了员工的切身利益。工作中主动与相关业务部门和单位进行沟通，尽心完成每一项工作，并积极参加项目公司组织的各类活动。

荣获首都环线高速公路有限公司文明职工荣誉称号。

首环公司征迁协调部主管陈炳铎

陈炳铎，首环公司征迁协调部主管。

主要负责参与各类征迁合同谈判及签订工作、收集整理各项内业资料，并配合完成征迁过程中涉及的各项工作。自进场以来，他自觉遵守公司各项规章制度，工作尽职尽责，兢兢业业，参与了征迁部相关制度、流程的编制工作；完成了项目前期与各产权单位的发函对接工作；组织了第三方审计公司完成管线迁改预算的审核，保证了征迁费用合规合理，并完成征迁合同的签订工作；同时，配合相关人员完成了征地拆迁过程中涉及的各项迁改、及征地手续办理工作，积极主动完成领导交办的各项工作，为首环高速征地拆迁工作顺利推进做出了一定的贡献。

荣获首都环线高速公路有限公司文明职工荣誉称号。

中交一公局一分部

第一排　黄　启　杨　柯　陈苗苗　贾远辉　潘北翔　周文华　蓝代炳　杜广宇　蔡文学
第二排　雷宝成　赵天雄　石亚民　孙群芳　张志强　张　林　孙　磊　邱　猛

先进集体

中交一公局桥隧工程有限公司作为首都环线高速公路第一分部，共有员工140人，自项目开工建设以来，项目部在公司领导的大力支持下，率领广大职工，团结一致，攻坚克难，奋勇争先，廉洁高效地完成了工期节点任务的既定目标，实现了安全生产、文明施工的双丰收，取得了优异的成绩。

先后获得首都环线高速公路有限公司先进集体荣誉称号及中交一公局青年文明号荣誉称号。

优秀党员

一公局一分部项目总经济师、群工委员朱绍勋

朱绍勋，中交一公局一分部项目总经济师，群工委员。

在工作中，他兢兢业业，对签订的每一份合同都做到认真负责，对每一个分包单位的施工资质和专业水平都进行详细的调查，并积极与分包单位进行协商沟通，为项目提供可靠的合作单位；在项目经营报价、进度款结算以及工程结算等工作中都做到一丝不苟，尽心尽责，为项目和公司实现了利益最大化，在项目的成本管理和经济索赔工作中认真负责，对成本进行了有效控制，为项目打造节约、高效的优质的品牌工程，做出了突出的贡献。

荣获首都环线高速公路有限公司优秀党员荣誉称号。

一公局一分部项目总工、纪检委员郭斌

郭斌，中交一公局一分部项目总工，纪检委员。

面对繁重的施工任务和复杂的精细化科学施工管理，他始终以高度的责任感、使命感，满腔热忱地开展工作。无论是优化设计方案，还是项目科研应用课题的研究，总能以积极进取的工作态度，脚踏实地的认真工作。并积极协助建设单位完善京津高速互通下穿线路方案，为项目的尽早施工，准时完工，作出了不懈的努力。

他在工作中，严于律己，遵守党的各项制度，团结同志，虚心听取领导和同事的意见和建议，不断改进，认真开展批评和自我批评，时刻保持共产党员的一颗初心。

荣获首都环线高速公路有限公司优秀党员荣誉称号。

文明职工

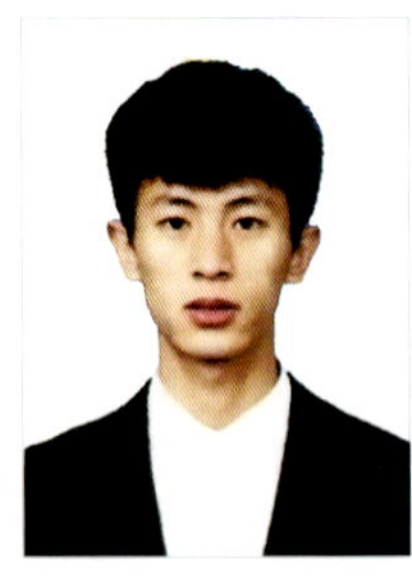

中交一公局一分部杜广宇

杜广宇，中交一公局一分部。

2016年7月毕业于沈阳建筑大学人力资源管理专业，2016年7月参加工作分配至中交一公局桥隧工程有限公司。项目中主要负责人事、后勤、党务、宣传工作。自参加工作以来，一直身处一线、努力创优，在创新中不断提高自我，在实践中不断完善自我，在工作生活中，注重德智体全面发展，注重在实践中学习，不断开拓进取。

荣获首都环线高速公路有限公司文明职工荣誉称号。

中交一公局一分部周宗国

周宗国，中交一公局桥隧工程有限公司首都环线高速公路第一分部。

2013年7月毕业于张家口职业技术学院道路桥梁工程技术专业。同年参加工作，受聘于河北燕峰路桥建设集团有限公司，2014年9月至2016年11月来到中交一公局桥隧工程有限公司石安改扩建XJ8项目部。项目中主要负责拆迁进地、外部协调、管线拆改工作，以虚心、耐心、恒心对待每一件事，力求为工程进度保驾护航。

荣获首都环线高速公路有限公司文明职工荣誉称号。

中交路建二分部

第一排从左到右　王思佳　于　源　潘　攀　张爱梅　宋爱华　强萌萌　赵彩凤
第二排从左到右　刘学方　秦东海　杜景余　付新平　何艳龙　韩继春　邢　超　姚彦山
第三排从左到右　张卫辉　黄双会　赵林涛　王　伟　崔洪浩　李兴斌　王涛勇　孔令浩
第四排从左到右　宋　楷　段晓鹏　李　华　杜　云　王　伟　钟　凯　张艳辉　魏全良
第五排从左到右　贺俊凯　赵帅帅　赵　辛　于东华　王振宇　段　佳

● 先进集体

中交路建华北工程有限公司作为首都环线高速公路第二分部，自开工以来众志成城，攻坚克难，面对项目工期紧、任务重的形式提前谋划。在项目领导正确带领下，克服了公交站、军缆拆除，跨既有公路、京沪高速钢箱梁架设等种种施工难点，并以创建“平安工地”为目标，全面开展各种安全管理工作，高标准、高质量的完成了各项施工任务，获得了监理单位、建设单位及质监站一致好评，为全线通车目标实现打下了坚实基础。

荣获首都环线高速公路有限公司先进集体荣誉称号。

优秀项目经理：中交一公局二分部高建清

高建清，五公司总经理助理、京津冀区域管控中心经理及首环二分部经理。

在担任首环二分部项目经理期间，带领全体职工在施工一线攻克各项施工中的难题。统筹协调人力、物力资源，优质高效地完成建设单位下达的施工任务，获得建设单位的高度认可，在建设单位月度综合考评中连续多次斩获第一名。同时项目团队积极探索“信息化”，并在预制梁场中成功应用，在提高生产效率、节约成本和缩短工期方面发挥了重要的作用。

荣获首都环线高速公路有限公司优秀项目经理荣誉称号。

文明职工

中交一公局二分部祁志强

祁志强，中交一分局二分部项目安全副总监。

1996年参加工作，进入中交一公局第五工程有限公司交通部公路汽车试验场项目，期间经历了连霍高速、商开高速、郑少高速、禹登高速、京承高速、京包高速、京台高速等项目建设，先后从事过机械工、拌合站维修管理、司机、食堂管理员及安全员岗位。

在项目负责安全管理，帮助所属项目先后荣获北京市平安工地考核达标、北京市平安工程示范、北京市绿色安全文明工地、中国建筑协会AAA级安全文明工地等称号。

荣获首都环线高速公路有限公司文明职工荣誉称号。

中交一公局二分部胡建兵

胡建兵，中交一公局二分部常务副经理。

在施工管理过程中，在工、料、机资源配置满足当前生产要求的前提下，紧盯落实工程项目，每项工作落实到人。对内以生产碰头会的形式，上下联动，加强了部门与现场的沟通，大大提高了工作效率。对外加强与项目公司、总监办、地方政府相关领导沟通，确保了各项工作的顺利推进。始终严格要求自己，以饱满的工作热情，过硬的工作作风，赢得了领导和同事的高度认同。

荣获首都环线高速公路有限公司文明职工荣誉称号。

中交一公局三分部

第一排　史湘琳　刘翠平　刘雪梅　李　星　任向荣　刘　琴　王云飞　贾争霞　王雅蓉　朱小美　陈亚楠　张　雪
第二排　王　博　金德元　朱星来　王来平　韩贵金　李程林　邹定广　邹龙飞　封海明　张　敏　邹定亮
第三排　谈甲兵　李振雨　车新海　吴同金　王　涵　谢书武　段建刚　胡新刚　张　旭　马常乐　栾志远　朱亚军

先进集体

中交一公局三分部进场以后，面临进地拆迁困难、北运河高架桥汛期涉水施工等问题，党员干部组织人员编排成巡逻队，对施工现场全力巡查，昼夜轮流值班，保障施工场控及建设安全。通过不断的努力，精心部署，最终克服了工期紧、任务重等种种困难，多次获得月度考核第一，最终完成既定通车目标。

荣获首都环线高速公路有限公司先进集体荣誉称号。

优秀党员

一公局三分部项目副经理兼安全总监马常乐

马常乐，中交一公局三分部项目副经理兼安全总监。

在项目施工生产过程中，他积极发扬中交一公局“奋发图强，永争第一”的精神，针对首都环线项目的施工特点，带领项目现场施工人员克服重重困难。

在北运河水中桩及下部结构施工过程中，顺利在“7.20”工期节点之前，顺利完成北运河水中桩及下部结构施工；在冬施施工过程中，以防范火灾隐患为重心，成立冬施施工小组，24小时轮流值班，确保下部结构、现浇梁等冬施平稳有序进行;在103国道架梁、110千伏线下架梁过程中，精心组织施工，让项目抢先全线架梁结束；在桥面铺装以及后续桥面系施工过程中，带领现场人员倒排工期，紧密施工，促使项目率先完成项目公司交工验收任务。

荣获首都环线高速公路有限公司优秀党员荣誉称号。

一公局三分部项目协调部部长宋金柱

宋金柱，中交一公局三分部项目协调部部长。

八年的党龄，造就了他“严于律己、恪尽职守”的工作作风，虽然征迁工作难度大、问题多，但他从不因此而气馁、退缩。

在征拆工作中，他积极主动与每个部门、每个村庄的人员及村民进行沟通交流。工地上、村庄里都有他孜孜不倦、任劳任怨的身影，他态度好、工作积极主动认真，得到了政府部门领导和项目领导的一致好评，为推进项目的征拆协调工作做出贡献。

荣获首都环线高速公路有限公司优秀党员荣誉称号。

文明职工

中交一公局三分部李振雨

李振雨，一公局三分部工程部长兼质检部长。

在工作中做实在人，办实在事。项目涉及钢板桩围堰、跨路吊装、大跨径现浇箱梁、钢便桥、钢箱梁吊装、龙门吊安装拆除等多项需专家论证的方案，时间紧，任务重，经常是通宵达旦编制方案，及时完成专家论证不耽误实体工程开展。

业务扎实，有改善工程质量的觉悟及意识。在设计院下发的现浇箱梁预应力钢束坐标基础上细化加密控制点坐标，保障了现浇梁预应力管道坐标的位置准确性。组织开展了质量通病控制、质量月活动，加强质量宣传、“品质工程”概念宣传，使项目人员整体质量意识有所提高。

荣获首都环线高速公路有限公司文明职工荣誉称号。

中交一公局三分部常斌山

常斌山，一公局三分部工区副主任。

毕业于兰州工业学院市政工程技术（道路桥梁技术方向）。在履行职责上始终给人不怕吃苦、不计得失、积极完成本职工作和其他各项任务的良好形象。作为一名普通的技术干部、现场管理人员，本着一切为了项目、一切为了生产的原则，积极与项目职工一起努力，一起想办法，克服困难。在领导的和同事们的相互配合下，担负起了北运河主钢混结合梁施工的现场管理、技术管理、安全管理等工作。现场施工中，注重规范管理，每道工序层层把关，按章操作，严格施工。面对违章作业坚持原则，铁面无私。

荣获首都环线高速公路有限公司文明职工荣誉称号。

中交一公局四分部

第一排　冯丽娜　孙　琴
第二排　申海蕾　于志水　师会强　梁　锐　牛会铁　邢　君　刘　增　苏　雨　韩晓雪
第三排　王　玉　王志军　张　烨　吴高俊　魏慎岭　樊兆杰　王凤斌

先进集体

中交一公局海威工程建设有限公司作为首都环线高速公路四分部，开工以来党员干部带头，通过增强基层党组织的创造力、凝聚力和战斗力，以高度的责任感和使命感克服了征地拆迁难、6次跨越既有路施工、环保要求高、任务重、时间紧等多种困难。在施工中，建立目标任务，精心部署，科学决策，从组织上、制度上、防范措施上保证了施工进度、安全质量，赢得了监理单位、建设单位和质监站的信任。为既定通车目标打下了夯实的基础。

荣获首都环线高速公路有限公司先进集体荣誉称号。

优秀党员

一公局四分部工区主任菅荣

菅荣，首都环线高速公路中交一公局四分部工区主任。

在首环高速工作期间，主要负责京哈北综合管理工作。任职期间兢兢业业，重视与每个作业班组负责人及施工人员的交流，本着安全第一、质量为本的原则，严格控制施工的每一项工序，确保每项工序保质保量的完成。在工作中学到了如何预防混凝土的质量通病及发生混凝土质量通病的处理方法。

荣获首都环线高速公路有限公司优秀党员荣誉称号。

一公局四分部生产副经理云景敏

云景敏，首都环线高速公路中交一公局四分部生产副经理。

在首环高速工作期间，主要负责现场桥梁施工任务的综合管控。

他以高度的热情和认真负责的精神，紧紧围绕项目部的年度目标任务，带领工区全体技术人员每天日夜投入到施工一线。施工安排有条不紊，在施工中控制成本，加快进度，克服困难，为保障项目工期做出突出贡献，为工程顺利交验奠定了基础，为项目创造了利润。

荣获首都环线高速公路有限公司优秀党员荣誉称号。

文明职工

中交一公局四分部工区主任赵晓伦

赵晓轮，一公局四分部工区主任。

曾任大广高速公路路面11合同段、灵丘市政改造、京良路三合同段、京台高速LM2合同段、唐廊五合同段项目工程部长。在项目中他负责京哈南立交桥工区。严格按照标准化设计、标准化施工、标准化管理，实现了工程质量一次合格率100%、安全生产零事故的目标，践行了“崇尚质量，追求卓越”的质量文化。面对前期征迁工作严重滞后、前期图纸下发缓慢、气候异常等种种不利因素，为完成“6.30通车”任务，他攻坚克难，勇挑重担，带头和工人们日夜拼搏在一线工地，带领团队稳步推进首环工程项目进度。

荣获首都环线高速公路有限公司文明职工荣誉称号。

中交一公局五分部

优秀党员

一公局五分部项目书记任瑞永

任瑞永，中交一公局五分部项目书记。

路面施工以来，他一直站在生产最前线，克服困难，吃苦耐劳，艰苦奋进，全心全意扑在工作中。给同事树立了良好的榜样。在项目书记的岗位上，引导支部党员在岗位中带头发挥党员的先锋模范作用，发扬无私奉献、吃苦奋进的精神，带领团队，为总的生产任务目标不懈努力。同时对自己要求非常严格，始终保持勤勉廉洁。

荣获首都环线高速公路有限公司优秀党员荣誉称号。

一公局五分部经营部副部长雷和

雷和，中交一公局五分部经营部副部长。

在首环工作期间，主要负责项目劳务合同结算和施工管理部工作。在工作中，他细致严谨，经常反复核算图纸工程量，以保证每月的结算都按时按点准确完成。在工作生活中，他作为一个年轻的党员，主动提高自身职业技能和党性修养，积极的参加支部党组织活动，发挥了党员的先锋模范作用。他拼搏进取的人生态度带动了项目集体积极进取的工作气氛，也让他赢得了大家的一致赞誉。

荣获首都环线高速公路有限公司优秀党员荣誉称号。

一公局五分部综合办驾驶员张飞

张飞，中交一公局五分部综合办驾驶员。

工作中他遵守各项规章制度，始终保持严谨认真的工作态度，兢兢业业、勤勤恳恳、任劳任怨。时刻牢记党员的责任和义务。在生活上，他尊敬领导，团结同事，能够尽自己最大的力量帮助别人，拥有一个善良的心。在学习上，关注国际国内形势，积极参加支部组织的各种政治学习及教育活动。

荣获首都环线高速公路有限公司优秀党员荣誉称号。

路建一分部

● 优秀项目经理：路建一分部项目经理张志刚

张志刚，首都环线高速第一分部项目经理。

毕业于长沙理工大学，是科班出身的路桥施工管理人员。自2004年 7月参加工作以来，先后参与京沪高速公路、合淮阜高速公路、哈达铁路客运专线、鹤大高速公路及首都环线高速公路等重要工程的施工任务，曾经担任技术员、技术主管、安质部长、生产副经理、常务副经理、项目经理等职务。

在首都环线高速担任项目经理期间，在路桥施工项目安全、质量、成本、进度、廉政等几个方面成绩优秀，倡导向管理要效益，向科学要效益新思路新要求，经营思路敏捷、成本控制得当，现场管理有序，在他和分部的共同努力下，圆满完成了施工任务，并取得良好的社会效益、经济效益和安全效益。

荣获首都环线高速公路有限公司优秀项目经理荣誉称号。

● 文明职工

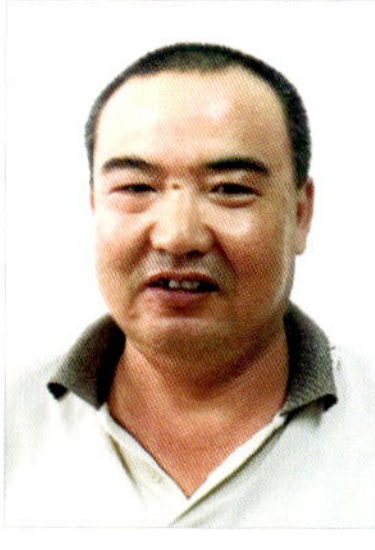

路建一分部高文革

高文革，路建一分部。

工作恪尽职守，坚持新进场人员三级安全教育，始终做到进场一人，教育一人。工作积极主动，根据需求组织参与专项、季节性安全检查及日常巡查工作；组织开展安全知识竞赛及安全咨询日等活动；组织参与应急演练消防、五大伤害等应急演练活动；组织参与“关爱农民工”活动；组织参与施工现场“送清凉、爱心体检”活动。根据施工进展施工现场安装了安全警示标志及安全防护设施，努力推动安全生产标准化建设工作；认真落实完成上级布置的重大节日和其他活动；努力学习业务知识，以满腔热忱干好本职工作。

荣获首都环线高速公路有限公司文明职工荣誉称号。

路建二分部

优秀党员

路建二分部综合办公室主任魏全良

魏全良，首环高速路建二分部综合办公室主任。

综合办公室作为项目的后勤保障部门，负责项目全体人员的日常生活。由于项目上的员工来自不同的地方，所以大家在饮食口味上有不同的需求，为了使大家都能吃到可口的饭菜，魏全良会询问大家对食堂饮食的不同要求，召集食堂相关人员一起讨论，为大家做出可口的饭菜。

魏全良立足本职岗位，在平凡的岗位上积极工作，兢兢业业，任劳任怨，从日常的工作中，从基础的小事中，充分发挥党员先他后己，无私奉献的精神。

荣获首都环线高速公路有限公司优秀党员荣誉称号。

路建二分部项目总工杜景余

杜景余，首环高速路建二分部项目总工。

在日常工作中，他始终坚持一丝不苟，力求完善。作为党员，他始终以身作则，对自己高标准、严要求，恪尽职守，执着水准。具有大局意识，与技术、试验、测量等部门共同开展工作，对每一份数据与报告都做到严要求，效率高。

在日常生活中，他重视学习，加强学习，善于学习。作为党员，他学习党的政策和理论，学习新形势下对党员的要求，在岗位专业知识、管理知识方面不断进取。要求自己向书本学习，向实践学习，紧跟党的思想潮流，时刻保持党员的先进性。

荣获首都环线高速公路有限公司优秀党员荣誉称号。

路建二分部技术部部长钟凯

钟凯，首环高速路建二分部技术部部长。

作为项目最年轻的党员，他充分展现了年轻党员的精神风貌。工作中敢闯敢拼，认真细致，主动发现问题，善于提出创造性的想法，连续的加班作业也毫无怨言。多次参与施工方案与技术方案的编写并得到领导肯定。以完成项目既定任务为根本，在做好本职工作的同时，站在更高的角度思考问题，为项目部更好发展出主意，想办法。

荣获首都环线高速公路有限公司优秀党员荣誉称号。

文明职工

路建二分部生产副经理秦东海

秦东海，首环高速公路路建二分部生产副经理。

主要负责二分部箱梁预制、预制梁、钢箱梁架设，及桥梁上部构造施工。在他的带领下，路建二分部顺利并高质量完成了876片预制箱梁及架设施工，并攻克了项目重难点——跨京沪钢箱梁施工。

荣获首都环线高速公路有限公司文明职工荣誉称号。

路建二分部生产副经理韩继春

韩继春，首环高速公路路建二分部生产副经理。

主管路基工程及试验室，工作兢兢业业、踏踏实实、勤勤恳恳，各项工作都想在前，干在前，充分起到了模范带头作用。突出的业绩、勤政务实的工作作风得到了领导的充分肯定，多次被路建总包部评为先进工作者和先进个人，发挥出了中层干部的中流砥柱作用，为首环高速项目做出了突出贡献。

荣获首都环线高速公路有限公司文明职工荣誉称号。

第一总监办

第一排　李富春　张　明　张伏波　孙德伟　刘贺友　王承武　张海斌　李成林　孔令奇　王乐生　郝迎宾　饶　迪
第二排　李春海　刘文柱　王　浩　闫瑞林　缪立特　夏　天　刘纪所　杨晓轩　鹿　强　张祥祥　张印培　王　瑛　闵　艳
　　　　杨焕荣　刘　扬　鹿　敏　常雅焜　王安荣　隋成中　田宏伟　刘海鹰

先进集体

北京京博通工程咨询有限公司作为首都环线高速公路第一总监办，在监理工作中恪尽职守、开拓创新，始终坚持公正、科学、诚信、自律的监理原则，以脚踏实地的作风、勤奋工作的态度和严格规范的监理行为，采取寓帮于监、监帮结合的方法，认真执行相关规范及合同文件，积极主动地开展监理工作；一监办非常重视监理队伍的建设和监理人员素质的提高，通过定期组织培训学习和现场集中观摩，提升了一线监理人员的业务知识水平，对首都地区环线高速公路(通州—大兴段)工程项目进行了较好的管控。

荣获首都环线高速公路有限公司先进集体荣誉称号。

优秀驻地监理组长：第一总监办刘贺友

刘贺友，首环高速二合同段专业监理工程师。

从事监理工作二十多年，具有丰富的监理工作经验和较强的综合管理能力。

自担任首环高速（通州—大兴段）二合同段专业监理工程师以来，总是坚持带领监理组成员认真熟悉图纸、学习规范。工作中的他坚持原则，大公无私，严把工程质量、安全关，严格按照监理程序、标准化要求及平安工地要求进行监理工作，在工程项目中发挥出了专业监理工程师的中流砥柱作用，为保证首环高速公路（通州—大兴段）工程质量以及加快工程建设步伐做出了突出贡献。

荣获首都环线高速公路有限公司优秀驻地监理组长荣誉称号。

文明职工

第一总监办王承武

王承武，第一总监办安保部部长。

他在工作中任劳任怨、立足岗位努力做好本职工作。认真完成上级各部门交给的各项任务；积极参加上级各部门组织的安全生产活动；按时组织对各分部的安全生产隐患排查并督促落实整改；根据施工季节变化组织对施工现场进行专项检查活动；积极参加专项方案的研讨及专家论证，并提出意见和建议；及时督促各分部落实完成上级布置的重大节日和重大活动。工作积极主动，努力学习业务，遵守公司的规章制度，廉洁自律，以实际行动，为保证首环高速公路（通州—大兴段）工程通车目标的实现贡献了自己的一份力量。

荣获首都环线高速公路有限公司文明职工荣誉称号。

第二总监办

第一排从左至右　张本学　朱晓美　王玉国　张立光　牛文波　于庆林　王俊生　陶明勤　冯地久　韩贵君
第二排从左至右　宗景丽　李明泓　张　福　吴学江　林　贵　魏建峰　杨　露　曹志亮　马玉保　李秋华　刘振忠
第三排从左至右　曹志瑞　孙凤秋　马立群　刘绍山　张晓峰　苏　春　张忍浩　孙智杰　齐银川
第四排从左至右　晋　培　靳曙艳　李文涛　李家文　瞿　路

先进集体

北京正宏监理咨询有限公司作为首环高速第二总监办，自首环高速项目进场以来，始终秉承“严格监理、优质服务、科学公正、廉洁自律”十六字方针，严格按照招标文件要求对人员、实验设备、组织机构进行配备。施工过程中做到质量、安全预控，注重过程巡视质量、安全检查，确保一次验收合格率。总监办坚持每周召开工地例会，对上周施工现场质量、安全、进度等存在的问题进行分析，对下周施工质量、安全提出要求，有效避免了质量、安全生产事故发生；坚持每月组织一次综合拉练检查，有效落实质量、安全生产责任；坚持每月对所监理分部开展一次综合评比，达到“比学赶帮超”的目的。通过第二总监办全体人员的努力，首环高速第二总监办范围内未发生任何一起质量、安全事故。

荣获首都环线高速公路有限公司先进集体荣誉称号。

优秀总监：第二总监办牛文波

牛文波，第二总监办。

2011 ～ 2014年京石二通道高速公路（大苑村—市界段）工程第二总监办被北京首发建设管理有限责任公司京石二通道项目管理处评为优秀监理。

2011 ～ 2014年在京石二通道高速公路（大苑村—市界段）工程被北京正宏监理咨询有限公司评为先进工作者。

2016年度中国交通建设优秀品牌监理企业优秀监理企业优秀监理工程师名单公示，被评为优秀监理工程师。

2014 ～ 2016年京台高速公路(北京段)工程被北京正宏监理咨询有限公司评为优秀总监。

第二总监办牛文波在首环高速项目中恪尽职守，以制度约束项目各项工作的开展。

从总监办各部室到监理组及现场监理员，都严格按照制度要求，督促全体人员，不间断开展学习与相互学习，提高了全体监理人员的个人素质及业务能力，有效指导了施工单位施工。

现场管理以安全、质量为第一，要求全体监理人员到现场第一任务就是检查安全，确保安全无隐患后在进行质量检查，每天巡视工地两次，在掌握施工情况的同时，也掌握了监理人员工作开展情况。

组织总监办每周一召开监理工作会，每月下旬召开安保例会、不定时组织召开质量、安全专题会、每工序开工前组织召开质量预控会，把进度、质量、安全、环保等各项问题消除在萌芽状态。

在监理工作方面，要求全体监理人员做好廉政工作，不允许无故刁难施工单位等。

在生活上，他却平易近人，把总监办全体人员当做亲兄弟姐妹，大家的事就是我的事，尽心尽力帮总监办兄弟姐妹们在提供愉悦的生活、工作环境。

荣获首都环线高速公路有限公司优秀监理荣誉称号。

优秀驻地监理组长：第二总监办魏建峰

魏建峰，第二总监办。

第二总监办魏建峰负责全线共计976根桩基，全组共有4名监理人员，施工桩基时长期都是日夜连续作业。在遇到困难难以坚持的时候，总是能细心地做监理管理人员的思想工作，确保了监理工作扎实开展。在完成外业旁站检查工作同时，内业资料管理也同步开展，在建设单位检查中多次收到表扬以及肯定。

他习惯在项目开始前组织召开预控会，过程中进行旁站监督管理并严格执行监理报验程序，客观公平公正对质量负责，完成首件分项工程后及时召开总结会。非常注重加强日常质量安全巡查，发现问题及时处理，避免了许多错误也派出了许多质量安全隐患。在满足质量安全的前提下，多次督促施工方加大资源投入，提高了施工速率，整体推进了工程进展。

荣获首都环线高速公路有限公司优秀驻地监理组长荣誉称号。

文明职工

第二总监办王小光

王小光，第二总监办。

1995年被北高监评为公路局系统“一等功臣”；1997年被评为北高监“优秀职工”；2002年被北京正宏公司评为“优秀职工”；2005年被北国投评为“优秀员工”（被借到北国投110国道项目）；2007~2009年被北京正宏公司评为“优秀监理工程师”；2011~2014年被北京正宏公司评为“优秀监理合约工程师”；2014年在京石二通道高速公路（大苑村—市界段）工程被建设单位评为“优秀监理工程师”。

自到首环高速工作以来，认真工作，团结同事，对有困难的同事，真心帮助。始终把工作的集体当成自己的家庭，有爱心，耐心，热心。积极参加总监办组织的各种活动。在项目实施过程中，对甲方做好热情服务。积极配合项目公司合约部完成计量合约管理工作。

荣获首都环线高速公路有限公司文明职工荣誉称号。

第六章

Chapter 6 Culture | 文化篇

文章来源首环高速公众微信号

企业文化

首环高速公司党委与中国建设银行北京安慧支行党总支开展联学共建活动

2017年11月1日，为进一步加强基层党组织建设，巩固“两学一做”学习教育成果，首环高速公司党委与中国建设银行北京安慧支行党总支开展联学共建活动，公司党委书记、董事长韩国杰，安慧支行党总支书记、行长赵亮，副行长才仲良等领导出席活动，来自银行与公司各部门的24名党员参加活动。

本次活动共有参观施工现场、座谈交流、互赠书籍三个环节，在一公局三分部北运河高架桥施工现场，来自银行的党员干部们听取了项目经理侯代英关于项目建设情况的介绍，对项目建设的标准化管理以及整体施工能力给予高度赞扬。

随后在公司会议室召开的座谈交流会上，全体党员一同重温了入党誓词，双方党组织分别就各自党建工作中的特色和重点进行了展示，互赠了党建类与业务知识类书籍，并就业务合作方面进行了深入的交流，氛围融洽。韩国杰对赵亮一行的到来表示欢迎，对中国建设银行北京安慧支行一年以来对首环高速公司的信任与支持表示感谢，希望以此次活动为契机，双方加深合作、互带互动、优势互补。

本次共建活动是为了增强党组织统筹发展的内在动力和实际效果，加强资源共享和人员交流，为银企合作提供更大空间。

2017年11月1日，首环高速公司党委与中国建设银行北京安慧支行党总支开展联学共建活动

中国交建

首环高速公司组织观看纪录片《厉害了，我的国》

纪录片《厉害了，我的国》于2018年3月2日正式上映，为增强公司凝聚力，激发员工自豪感，首环高速公司3月3日组织员工40余人前去影院观影。通过观看影片，大家深刻感受到了中国交建的工程以及建设者们的伟大。

《厉害了，我的国》影片紧扣创新、协调、绿色、开放、共享五大发展理念，通过记录中国桥、中国路、中国港等超级工程的故事，全面展示了过去五年我国各行各业取得的成就。中国桥，正书写着中国工程一个又一个传奇！也持续刷新着中国国力的一座又一座里程碑！

大家看到在记录片中，出现了这些中交元素：

港珠澳大桥、青岛海湾大桥、北盘江大桥、西堠门大桥、杭州湾跨海大桥、南京长江四桥、果子沟大桥、厦漳跨海大桥、天兴洲大桥、洋山港四期、天津港、深圳港、广州港、宁波港、苏州港、肯尼亚蒙内铁路、京新高速公路、鹤大高速公路、哈大高铁……

首环高速公司组织2018年“欢度三八妇女节　相约美丽三月天”活动

路建一分部组织“三八”妇女节活动

妇女同志们是美丽与创造的象征，她们用自己的双手装扮着幸福美好的生活，为了庆祝3月8日国际妇女节，3月7日下午由路建一分部组织项目全体女职工去热带植物园游玩。

此次活动不仅锻炼了项目部女职工的身体素质，丰富了业余文化生活，更融洽了同事之间的关系，增强了凝聚力。通过调节身心、陶冶情操，项目部全体女职工们表态一定会以更充沛的精力和高昂的斗志，全身心地投入到工作中去，早日实现通车目标。

一公局一分部组织女职工观看电影欢度“三八”妇女节

为活跃广大女职工文化生活，充分调动女职工的积极性，增强团结凝聚力，一公局一分部积极响应公司号召，在“三八”国际劳动妇女节当天，组织女职工观看了电影。

10余名女同胞放下手中繁忙的工作，停下平日匆忙的脚步相聚电影院，享受项目工会为大家准备的这场视听盛宴。大家纷纷表示此次活动愉悦了精神，放松了心情。大家对项目的关心表示感谢。

一公局二分部开展办“凝聚巾帼力量，助力项目发展，建设美好一线”活动

3月8日，一公局二分部开展“凝聚巾帼力量，助力项目发展，建设美好一线”活动，项目全体女职工到施工现场给技术员和工人送去温暖。

在项目书记的带领下，项目女职工给施工现场的技术员和工人送去热乎乎的水饺和豆浆，温暖了工人们的身子，也温暖了大家的心，工人们纷纷感谢项目部对大家的关心。活动中，项目女职工跟随书记、技

术员步行途经二工区漷小路便道，随后女职工跟随工区主任一起了解了施工现状以及施工进度计划。

活动结束后，项目女职工对现场物资垃圾进行了清理，并合影留念，表示今天过得很开心很有意义。

一公局四分部开展“情暖半边天”赠书活动

3月8日，一公局四分部以“情暖半边天”为主题，在“三八”节到来之际，为一公局四分部女职工开展赠书活动。

一公局四分部书记在赠书的同时鼓励女职工奋发努力，不断提升自我，在岗位工作上继续发挥铿锵玫瑰的精神，同时多关注家庭内部关系，做到工作家庭两不误，充分发挥“半边天”的作用，并积极参与公司、分部组织的各项活动，为企业的发展助力。为照顾女职工这个特殊的团体，一公局四分部领导表示各位女职工可以根据自己的工作安排进行调整休息。

通过本次活动，让一公局四分部女职工从繁忙的日常工作中得到放松，更体现了一公局四分部人性化管理，使大家能够更加关心集体、爱岗敬业。

首环高速公司启动2018年“决战首环、决胜通车”劳动竞赛

为顺利实现首都地区环线高速公路（通州—大兴段）工程“6.30”主线通车既定目标，2018年3月19日，首环高速公司召开2018年“决战首环、决胜通车”劳动竞赛启动暨动员大会，中交一公局副总经理韩国明、中交路建副总经理刘章瑜作为股东方代表出席会议并作重要讲话，来自中交一公局施工管理部、房建管理部、首环高速公司及各参建公司的相关领导、各施工分部项目经理参加大会。

会上，公司总经理丁喜红汇报了项目进展情况及下一步工作计划，并与参赛单位代表签订了劳动竞赛目标责任书。公司副总经理樊辰辉宣读了劳动竞赛实施方案，各参建公司领导针对此次劳动竞赛目标任务汇报了保障措施，中交一公局二分部、中交路建一分部项目经理作为参赛代表进行了表态发言，表明了坚决完成任务的决心。

韩国明对此次会议给予了高度的评价，并提出四点要求：一是要讲政治，顾大局，参建各方要高度重视，全力以赴完成目标任务；二是要有勇气，敢亮剑，包保领导要常驻工地一线及时解决问题；三是要超常规，狠投入，周密计划部署，占满时间、空间，抓住关键节点工期；四是高度重视安全质量工作，成立质量督导组严格控制工程质量。

刘章瑜在讲话中强调，各参赛单位要统一思想，坚定信心，超前谋划，配强配齐资源力量，全力攻坚，

不折不扣地完成"6.30"通车目标任务。

公司董事长、党委书记韩国杰在总结发言中提出三点要求：一要尽快打通征地拆迁的断点，排除制约通车的隐患；二要成立施工协调组，协调落实施工过程中交叉的关键点，确保各项施工计划周密合理；三是各参建公司党组织要为项目建设做好各项保障，确保目标任务的实现。

首环高速公司各分部开展“庆五一、迎五四、促发展”活动

“五一”国际劳动节来临之际，2018年5月1日下午，路建一分部为各施工队伍送去了节日慰问品，对节日期间仍坚守在工作岗位上的全体现场施工人员表示慰问。

项目部领导向在节日期间坚守在工作岗位的农民工表示诚挚的感谢和敬意，并叮嘱大家一定要注意

安全，确保安全生产。同时，项目部领导还特意吩咐各协作队伍食堂要安排好节日期间伙食，让大家过一个愉快的节日，带给一线工人家一样的温馨。

2018年是首都环线高速公路建设关键年，时间紧迫、任务繁重。为了抢抓工期，项目上700多名一线工人放弃了节假日休息，与项目职工一道坚守在各自的工作岗位上，无怨无悔地奋斗在各工点施工一线。正是他们的辛勤劳动，才使得首环高速的建设异彩纷呈。

首环高速公司弘扬雷锋精神　共建生态文明

为提升项目志愿服务意识，增强保护环境的责任心，响应党的十九大继续追求绿水青山就是金山银山的理念，2018年3月20日，首环高速公司组织青年志愿者到北运河高架桥施工现场附近的北运河边开展志愿服务活动，与一线工人朋友一同清理河道垃圾。

北运河是流经北京市东郊和天津市的一条河流，为海河的支流；干流通州至天津也即京杭大运河的北段，全长120公里，流域面积5300公里^2。由中交一公局五公司承建的北运河高架桥横跨这条大运河，是首都地区环线高速公路(通州—大兴段)工程全线第二大桥。

党的十九大提出，建设生态文明是中华民族永续发展的千年大计，把建设美丽中国作为全面建设社会主义现代化强国的重大目标是我们应尽的职责。此次活动旨在宣传共建生态文明理念，增强大家的环保意识。活动过程中分为两组：一组清理河边的垃圾；一组乘三条小船打捞河道中的漂浮物。活动充分体现了中交一公局“蓝马甲”志愿者们不怕脏不怕苦的志愿服务精神。作为首环高速的建设者，我们所要做的不仅是修路架桥，更要爱护环境，建设生态文明，建设美丽首都。

交一公局

朝 夕

夕 奔

一公局四分部举行“书香中交”活动启动仪式

2018年4月23日，一公局四分部组织召开了“书香中交”活动启动会，正式拉开了“书香中交”活动序幕。

根据“书香中交”活动相关要求，一公局四分部从职工实际需要和阅读兴趣出发，让职工自主选择图书，保证人手一本。启动会上一公局四分部书记兼常务副经理孙延昭号召职工“每天读书一小时”，要求职工要真正领悟书中内容的精髓，并于每月底组织职工进行读书心得交流，切实开展“书香中交”活动，为分部营造良好的读书氛围。要通过“书香中交”活动的开展，把一公局四分部打造成知识性团队，进而促进职工的道德修养，增强文化底蕴，为促进企业品牌塑造打下坚实的基础。

路建一分部团支部开展“迎五四”系列活动

为迎接五四青年节的到来，营造干净整洁的节日氛围，2018年5月2日，路建一分部团支部组织项目青年员工对工地以及施工现场进行了一次清洁大扫除活动，项目部全体青年员工参加了此次活动。青年员工们对高架桥面进行了清扫作业，并对桥面暴露的脏乱杂物进行了彻底的清理。经过青年员工们的共同努力，施工现场地被打扫得焕然一新，青年员工们也在劳动中体会到了“劳动最光荣”的乐趣。

此次活动丰富了员工的业余文化生活，舒缓了员工的工作压力，陶冶了员工情操，促进员工间的沟通和交流，营造了温馨和谐的大家庭氛围，将促使青年员工们以更加饱满精神面貌投入到项目建设中。

一公局二分部组织开展“青年大学习”主题团日活动

为纪念“五四”运动，弘扬“五四”精神，缅怀“五四”先驱的光辉业绩，激励青年们勇于创新创造，坚定理想信念，锤炼高尚品质和锐意进取的精神。2018年5月4日，一公局二分部组织开展“青年大学习”主题团日活动。

项目组织员工观看纪实版电影《五四运动》并召开了青年员工座谈会，慷慨激昂、高潮迭起的影片给职工们留下了深刻的印象，激发了职工们的工作热情，此次电影鉴赏全面调动了项目青年勇做奋发有为青年的积极性，促进了项目青年进一步开拓进取。

座谈会期间，青年职工以习近平新时代中国特色社会主义思想和党的十九大精神为切入点畅所欲言、深入探讨。大家纷纷表示要高举新时代中国特色社会主义思想伟大旗帜，以更加高昂的工作热情，立足岗位，不忘初心，牢记使命。此次活动强有力的引导了全项目青年在新时代拼搏进取、全面发展。

一公局2017年隧道安全管理知识竞赛在首环高速公司成功举办

2017年9月8日，中交一公局2017年隧道安全管理知识竞赛在首都地区环线高速项目中交一公局二分部顺利举行，通过层层选拔，来自11个单位的33名选手参加了紧张激烈的比赛。中交一公局党委副书记、工会主席吴松出席活动并为获奖单位颁奖，中交一公局安全总监、铁路轨道经营部总经理王飞，安全监督部总经理刘刚，技术质量部副总经理彭国才，安全监督部鄂智峰担任竞赛活动评审组成员。

此次安全管理知识竞赛活动分为网络答题和现场竞答两个阶段进行。在网络答题阶段，全局33个公司和直属项的13000余人参与答题，基本实现安全员与技术员的全员覆盖，通过参与率和平均成绩的综合统计，决出了11支队伍参加现场竞答。在现场竞答阶段，历经个人必答题、小组必答题、抢答题、指定答题四轮激烈比拼，最终二公司、五公司、三公司获得竞赛优胜奖，四公司、厦门公司、总承包公司获得竞赛优秀组织奖。

中交一
200
130
二公司 2

180
8
五公司

140

局2017年隧道安全管理知识竞赛
160
优胜奖
优胜奖
优胜奖

交一公局2017年隧道安全管理知识
160

一公局一分部团支部开展义务清扫垃圾美化环境活动

2017年4月5日，首环高速一公局一分部团支部组织项目“蓝马甲”青年志愿者开展学雷锋义务清扫垃圾、美化环境活动。

活动中，“蓝马甲”青年志愿者服务队的队员们发扬了助人为乐，无私奉献的雷锋精神，不怕脏，不怕累，团结一致，共同努力，经过两个多小时的义务劳动，顺利将周边村庄主干道路的垃圾清理干净。为营造北京优美的环境贡献了自己的一份力量。

活动结束后，当队员们看到通过自己辛勤的劳动，路边整洁、干净，不再有散落的垃圾，绿草丛中绽放繁花点点，他们不约而同地露出了会心的笑容。周边环境的美化，使项目广大团员青年体验到助人为乐、无私奉献的快乐，同时展现了首环高速公司积极履行社会责任、服务他人、乐于奉献社会的良好形象。

一公局四分部组织召开廉洁文化征集动员会

为发挥廉洁文化宣传引领作用，根据宣教月学习计划，2018年6月26日一公局四分部组织廉洁文化征集动员会。

会上四分部书记兼常务副经理孙延昭根据宣教月要求，面向职工围绕廉洁主题，从家风家教、廉洁故事、典型案例等角度，要求广泛征集特色廉洁文化理念。并针对本项活动提出明确要求：一是党员干部要发挥先锋模范引领作用，结合自己工作内容提炼特色廉洁宣传语；二是各部门负责人要带头践行廉洁从业，做到自律、自省、遵规守纪，部门范围内组织廉洁理念征集活动，确保将活动开展到实处；三是通过报送的廉洁理念于7月底组织文化理念投票活动，针对特色理念进行表彰。

通过廉洁文化征集动员会，一公局四分部全体职工在工作、生活中树立起了牢固的思想信念，坚守道德底线，真正从思想上做务实清廉的践行者，为优质、高效完成各项任务指标而努力奋斗。

一公局二分部开展“亲子情”六一儿童节活动

2018年6月1日，一公局二分部开展“亲子情”六一儿童节活动。

项目开展的“亲子情”六一儿童节活动分为两部分：一是为在项目的职工子女每人准备了一份香甜的蛋糕并送上祝福，让孩子感受到了浓浓的节日欢乐气氛；二是为不在项目的职工子女准备了“两地书亲子情”活动，为他们发放了精美的贺卡通过书写的方式表达出对子女的关爱和思念，并征集亲子照片制作照片墙，送去对孩子们的真挚祝福。

此次活动，大家积极响应，进一步增加了职工和孩子们的交流，争取到了家人更多的理解和支持，也让孩子感受到了来自项目的关怀。

一公局二分部开展节能宣传主题签名活动

2018年6月14日，一公局二分部开展了以“节能降耗、保卫蓝天”“提升气候变化意识，强化低碳行动力度”为主题的节能宣传主题签名活动，项目全体职工参加。

活动通过条幅、展板和现场解说的形式开展节能宣传，此次活动的开展响应了全国节能宣传周和全国低碳日的号召，项目职工积极参与，大大提高了全体职工节能降耗、低碳环保的思想意识。活动中项目职工纷纷表示要将节能减排落实于行动，为实现“天蓝水清草绿”贡献力量。

一公局二分部举办职工集体生日会

2018年6月15日，一公局二分部为5、6月份生日的职工举办了集体生日会。项目全体职工参加了聚会。

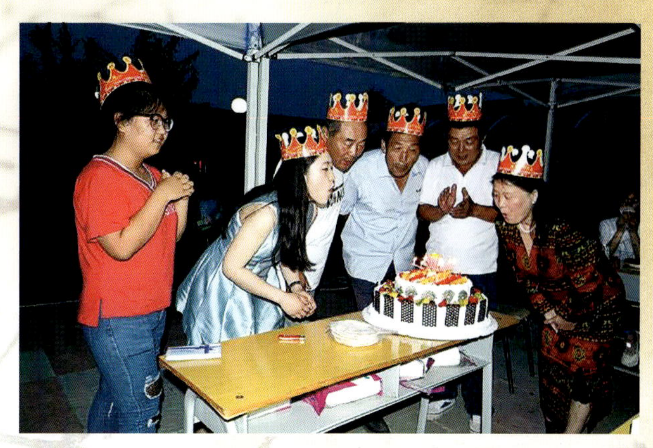

生日会上大家为寿星们唱歌祝福，并开展了“萝卜蹲”“你来比划我来猜”等趣味小游戏，气氛欢乐融洽。集体生日会是项目工会一直坚持开展的工作，可以使广大职工在紧张繁忙的工作之余，感受到项目大家庭的温暖，增强了职工的归属感，增加了集体凝聚力。

一公局三分部组织开展
端午节“送安康”给一线工人活动

2018年6月17日，端午节来临之际，一公局三分部组织开展端午节“送安康”给一线工人活动。

一公局三分部北运河高架桥工程已接近尾声，为了做好后期保养工作，顺利完成通车目标，端午节期间，一线工人依然坚守岗位，不能与家人团聚。项目组织人员为他们送去粽子、肉类食物，也同时送去项目领导对他们的慰问及所有职工对他们的祝福，希望他们平安、康健。

坚守岗位的一线工人师傅很感动，他们的敬业精神也让项目员工动容。

首环项目各分部开展高温天气“送清凉”慰问系列活动

2018年，6月的北京地区连日高温，骄阳似火，工地上酷暑难耐。首环项目各分部开展了高温天气“送清凉”慰问系列活动。“送清凉”活动一直开展到6月底，给一线工作人员送去了清凉与健康，也为实现通车目标提供有力的防暑保障。

一公局一分部

首环项目已经进入最后的冲刺阶段，高温和烈日考验着一公局一分部项目职工和一线工人们的体力和毅力。为有效预防和控制因高温天气引发的各类生产安全事故和中暑事件，项目围绕着2018年安全生产月“生命至上，安全发展”的主题，结合公司安全生产月活动方案的要求，连日来持续组织开展“送清凉”慰问系列活动，每天为奋战在生产一线的工友们送上绿豆汤、雪糕、西瓜、矿泉水、藿香正气水、清凉油等防暑降温物品，并在发放工程中叮嘱大家在工作时务必确保身体健康和劳动安全，普及安全知识，宣传安全生产月的精神，进一步营造了共创共建共享平安工地的良好氛围。

路建二分部

进入6月，北京地区连日高温，为避免一线工人中暑的情况发生，首都环线高速路建二分部开展“为一线工人送清凉”活动。当项目部工作人员将冰凉的雪糕和冰镇冷饮送到顶着炎炎烈日，埋头苦干的一线工人手中时，工人们露出了开心的笑脸。

此举体现了项目对生产一线员工的关爱之情，进一步增强了施工队伍的凝聚力，提高了一线工人的工作积极性和发扬爱岗敬业、无私奉献的精神。项目将持续开展关爱一线工人，“夏日送清凉”活动，使项目部全体人员和一线工人充满干劲，向通车目标冲刺。

一公局二分部

北京市气温连连攀升，为了做好防暑工作，保障一线工人的身心健康，一公局二分部持续开展“送清凉”活动。

在活动中，项目书记亲临指挥，综合办、党群、安全部成员各负其责，积极有序地为现场人员送去绿豆汤、矿泉水、西瓜、饮料等解暑品，同时也分发了藿香正气水、藿香正气胶囊等防暑药品，得到了一线工人的褒奖与好评，也让施工现场和项目部各部门之间联系更加紧密，为炎炎夏日添上一丝清凉。

一公局二、三分部组织开展清明节扫墓活动

2017年4月4日，为缅怀革命先烈、弘扬爱国精神，首环高速一公局二、三分部组织党员、团员进行了扫墓活动。

在李大钊烈士陵园，党员、团员在李大钊烈士墓前开展了默哀、向烈士献花并鞠躬致敬纪念活动，随后走进李大钊烈士革命事迹陈列室参观了李大钊烈士的事迹图片、编辑的报刊及使用过的办公桌椅，见证了李大钊后人一年一度的祭奠扫墓活动仪式。

通过此次清明扫墓活动，党员、团员们重新接受了一次爱国主义教育，近距离学习了李大钊烈士为革命抛头颅洒热血不怕牺牲的精神。活动后大家纷纷表示，作为党员、团员，要用实际行动践行社会主义核心价值观，弘扬爱国精神，爱岗敬业，发挥先锋模范作用，圆满地完成各项工作任务。

一公局四分部举办传承雷锋精神志愿活动

为迎接第54个“学雷锋纪念日”的到来，彰显央企积极履行社会责任风采。2017年3月24日，一公局四分部举办了传承雷锋精神志愿活动，穿着佩戴志愿者衣帽的青年来回穿梭于杨家洼绿道驿站。

四分部志愿者们充分展现了不怕脏、不怕累的精神，分队行动，分工合作，通过一下午的辛勤劳动，绿道驿站环境得到了很大改善。大家用无私奉献的雷锋精神以实际行动诠释着“学雷锋·献爱心”的意义，彰显出他们对志愿服务的热忱，用实际行动践行“雷锋精神”。

活动结束后，大家纷纷表示学雷锋，贵在平时，贵在自觉，在今后的工作和生活中将继续学习和弘扬精益求精的精神，树立中交热心公益、奉献社会、勇于担当的时代风采和良好形象，为推动企业全面深化改革、做强做优做大提供有力道德支撑。

一公局四分部启动“青年文化月”活动

2018年4月27日，一公局四分部召开“青年文化月”启动仪式。

启动仪式上，一公局四分部团支部书记刘家伟宣读了关于青年文化月的几项活动开展要求，随后分部书记兼常务副经理孙延昭针对“青年文化月”提出明确要求：一是青年月的开展要结合“书香中交”及“新青年讲堂”丰富活动开展形式；二是分部青年职工占总人数的85%以上，要充分发挥青年积极向上的朝气，在工作中参与支持党群工会的各类活动；三是各分管领导要多支持，青年职工要坚定理想信念，树立正确导向。

通过本次启动仪式，一公局四分部“青年文化月”活动正式拉开序幕，分部在青年文化月期间，相继开展了“凝心聚力迎战首环高速通车目标”主题系列活动、“以书会友”读书分享会、“寻找身边的榜样”诗词征集活动等，通过各项活动增强了广大青年职工奉献青春的意识，传播思想正能量。

一公局四分部组织《把信送给加西亚》读书交流会

2018年6月20日，一公局四分部组织《把信送给加西亚》读书交流会，《把信送给加西亚》讲述了19世纪美西战争中的一个关于忠诚、敬业的故事。

各部门职工纷纷发表了自己的认识和见解，表示罗文身上表现出的那种担当无畏、高效执行的意志品质，对当代青年职工有着重要激励作用，今后要努力发扬罗文精神，做一个勇敢的“送信人”，成就完美自我。

最后四分部书记针对本次读书分享活动做了总结发言，认为读书会达到了预期目的，通过读书交流会，不仅让在座人员全面的了解《把信送给加西亚》这本书的意义，更提高了职工担当精神，鼓励在座职工在今后得工作中要珍惜机会，加快成长，为高速公路建设事业贡献自己的力量。

文化园地

念奴娇·中国梦

万古江山，画图中，几朝风花雪月。紫禁城巅，人尽欢，琴瑟谐歌大雅。丝路绵延，驼铃叮当，汉唐绘盛筵。神游故国，赏不尽风流文。

百年乱云衰草，红日升东方，秦镜高悬。丰碑堆砌，英雄魂，钟鼓击鸣江汉。揽月九天，俯瞰清河晏海，华夏梦圆。

一公局二分部　侯利萌

我们是平凡的筑路人

孙红霞

观世界地图，览中华疆土；
不论巍峨的群山，哪管奔涌的江流；
到处都有我们，用爱和责任铸成的路；
路桥人一代一代，把路桥延伸；
去唤醒沉睡的荒村，去铺平所有的坎坷泥泞；
去孕育城市的繁华与文明，去守护人类地球村的梦！
每一抔泥土，每一块岩石，每一个鸟窝，每一棵大树，
都在我们的心里走过，勘探测量绘图施工；
每一步都是我们，智慧与汗水的凝结，
都是我们感天动地的情怀！
春风的柔美，夏雨的暴戾；
秋月的迷离，冬雪的残酷；
都是自然给我们的馈赠和考验，
都是我们指点江山的等闲！
我们穿越暮鼓晨钟，
我们拥抱寒鸦惊鸿，
我们以碎石沥青为笔，
画出一条条或直或弯；
唯美的路，我们驱走所有的荒凉，
我们创造无尽的繁华；
我们是雄厚的交响乐，是温润的琵琶语，
是天涯的游子，是希望的使者，
我们是平凡的筑路人！

幸遇首环　砥砺前行

向维伟

不分昼夜一番摩拳擦掌之后，肩并肩预备起戴上首都环线这顶皇冠，铺就首环拥抱京城，勇承其重。兄弟姐妹，向烈日、向风雨而立，撸起袖子加油干。

铺路架桥，托起首都荣耀的光环，奋力拼搏着一帮热血的力量，背顶起首环的光芒四方。

新春新工地，热闹又激动。热闹大七环胜春开工，激动又一番壮举在首都崛起。重任于首环，必将勤奋不止，加上勇闯敢拼。

明晃晃的钢筋，安全帽来往攒动，祥和而顽强，共同缔造着大七环的神话。

一头挑着太阳，一头担着月亮。兄弟姐妹牵桥引路，为京津冀协调发展打开交通，就要耀眼光芒。

花都开好了，挥一把汗水洒落华北平原的土地。众人齐声吆喝，大干热潮奔涌在首环的工地，一幕幕全是桥啊路啊，一步步环抱成皇城通途。

就这样沐浴骄阳，谢绝繁星，头枕钢筋，入梦泥香。砥砺前行，让生产建设凝固成音乐，大七环建设路上歌扬四方。

与其说大七环聚积着数百的热汗雄心，倒不如说她在散发着中交人可亲可信的纯朴与热情。

幸遇首环，故事在前行。

大七环版《成都》，献给关注七环建设的每一个人

词：陈大川　李露　侯利萌
弹唱：李露

三月出生一孩童　名字叫作G95
深受万人的瞩目　也有人叫他七环
他是京津冀一体化的血脉
是副中心的依赖
中交与首发牵手 固基修道履方致远
创先争优党旗红 众志成城意志坚
自强奋进中交蓝 服务首都大战略
三路两河连成线 六镇十村笑开颜
七环 春秋一载 要成年
让我把你的故事记成篇 伊耶伊耶
知道川流不息的那一天 丰碑永镌
我们奋斗的日日夜夜
乘风破浪 无畏艰险
勠力同心齐向前
挥洒青春 践行誓言

披荆斩棘的筑路人

改编自《回忆里的那个人》
翻唱：一公局四分部　张志远
歌词：一公局四分部　刘家伟

你动人的眼神
敲开了这座城的门
带着美丽的魂
叫醒了我的勤奋
牵动无数的心
只想为你奉献青春
我会一路狂奔
把你描画最传神
我这披荆斩棘的筑路人
真想所有的梦都会成真
要细嗅那一缕清芬
就得辛勤种下坚实的根
我这披荆斩棘的筑路人
泥泞化为通途才能安稳
希望我的这份认真
让你变成这座城市最美的灵魂

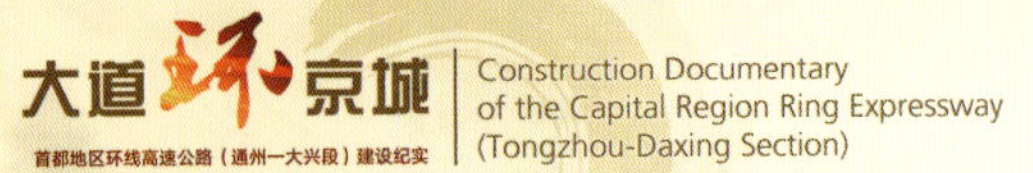
大道环京城
首都地区环线高速公路（通州—大兴段）建设纪实
Construction Documentary
of the Capital Region Ring Expressway
(Tongzhou-Daxing Section)

Appendix | 附录

首环高速大事记

2016.12.23

首都地区环线高速公路（通州—大兴段）工程（永乐高架桥和采育高架桥）桩基开钻，标志着该工程拉开建设序幕，中央电视台、北京日报、北京广播电台等多家主流媒体进行了跟踪报道。

2016.12.24

永乐店高架桥桩基首件工程报检成功。

2017.01.19

北京市交通委党组书记、主任周正宇带队到首都地区环线高速公路现场调研，中交一公局党委书记、董事长都业洲，北京首发集团副总经理李振国等陪同调研。

2017.01.22

永乐店高架桥承台首件工程报检成功。

2017.02.22

首环高速公司召开首次股东会、董事会、监事会。

2017.03.04

永乐店高架桥墩柱、采于高架桥预制箱梁首件工程报检成功。

2017.03.14

首环高速公司召开首次生产推进会，统一思想，坚定信念，鼓舞了士气，明确方向，为顺利完成年底主线通车的目标打下了坚实的基础。

2017.03.15

首环高速公司党委成立，会议选举产生了公司第一届党委委员，韩国杰当选公司党委书记，丁喜红当选公司党委副书记。公司党委的成立为工程建设提供了坚强的组织保障。

2017.03.17

永乐店高架桥盖梁首件工程报检成功。

2017.04.01

国家发展改革委官网政策发布中心通知栏正式发布《国家发展改革委关首都地区环线高速公路通州至大兴段可行性研究报告的批复》(发改基础〔2017〕555号)，标志着工程可行性研究报告正式通过国家发展改革委批复。

2017.04.17

中国中央电视台中文国际频道《中国新闻》栏目报道了首都地区环线高速公路(通州—大兴段)工程建设情况。

2017.05.08

首都地区环线高速公路(通州—大兴段)工程全线第一片箱梁成功架设。

2017.05.09

由中国交建机关团委、中交一公局团委、中交资产团委组织带领的十八名青年员工代表走进首都地区环线高速公路项目，开展了为期一天的“青春交融，寻根基层”主题团日活动。

2017.05.16

政企同心，征迁工作再发力。首环高速公司在驻地会议室召开征地拆迁工作推进会，保证了后续各项工作快速、平稳、有序的进行。

2017.05.24

京津冀三地交通广播记者团到首都地区环线高速公路中交一公局一分部施工现场进行实地采访。

2017.06.28

为隆重庆祝建党96周年，喜迎党的十九大召开，首环高速公司党委书记、董事长韩国杰在一公局二分部为一线党员讲了一堂以《理清思路，明确方向，扎实做好基层党建工作》为题的党课。

2017.07.05

交通运输部以交公路函〔2017〕492号文批复了首都地区环线高速公路通州至大兴段工程初步设计报告，批复概算约为121.53亿元。至此，首都地区环线高速公路通州至大兴段所需国家部委审批手续已经齐备。

2017.09.08

中交一公局2017年“决胜全年目标，力促升级发展”主题劳动竞赛现场推进会在首都地区环线高速项目中交一公局三分部北运河高架桥施工现场顺利举行。

2017.09.30

中国交建董事长、党委书记刘起涛，副总裁、安全总监王建一行到首都地区环线高速项目开展“双节”前安全生产检查。

2018.02.06

北京首都环线高速公路有限公司2018年工作会顺利召开，中交一公局副总经理韩国明，首环高速公司董事长、党委书记韩国杰，中交路建总承包公司副总经理王金利代表股东单位出席会议并作重要讲话。

2018.05.22

自2017年5月8日首片箱梁架设完成至今，历时一年时间，完成全线4847片箱梁架设施工。

2018.01.23

北京市交通委路政局到首环高速开展安全应急督查考核。考核组由副局长张新海带队，安监处、建设处、质监站和路网中心成员等共计8人。首环高速公司总经理丁喜红、副总经理樊辰辉、安全总监张拓然、总监办、施工分部等相关人员陪同。

2018.03.03

项目公司总经理丁喜红主持召开施工生产动员会。会议中各参建单位对进场人员及3月份计划保障措施进行了详细汇报，各分管领导对下一步工作进行了安排。

2018.03.19

首环高速公司召开2018年“决战首环，决胜通车”劳动竞赛启动暨动员大会，中交一公局副总经理韩国明、中交路建副总经理刘章瑜作为股东方代表出席会议并作重要讲话，来自中交一公局施工管理部、房建管理部、首环高速公司及各参建公司的相关领导、各施工分部项目经理参加大会。

2018.03.13

北京市交通委路政局印发《关于2017年度本市交通路政行业四家企业安全生产与应急工作综合考核情况的通报》(京交路安发〔2018〕121号)，首环高速公司在2017年度安全生产与应急工作的综合考核中以91分位居第一。

2018.03.27

中交一公局副总经理王秋胜赴首环高速公司检查指导运营筹备工作，中交一公局投资管理部、首环高速公司、世通资产公司相关领导参加调研。

2018.03.28

北京电视台财经频道《京津冀大格局》栏目播报首环高速最新进展情况，该栏目组于数日前到首环高速京哈互通立交、潮白河特大桥等施工现场进行采访，公司副总经理荆艳会接受记者采访。

2018.03.30

首环高速公司组织全线总监办、总承包部、施工分部共计36名管理人员开展《风险管控与隐患排查双重预防工作》培训会。

2018.04.03

首环高速公司党委中心组在公司三楼党员学习室召开了2018年第一季度集中学习会，学习了2018年政府工作报告与宪法修改前后对照表，会议由公司党委书记韩国杰主持。

2018.04.04

首环高速公司召开股东会、董事会、监事会，公司董事长韩国杰、中交一公局副总经理王秋胜、首发集团总经理助理王礼旺、中交路建总承包分公司总经理王少华分别代表股东单位出席会议，公司董事丁喜红、边海滨，监事刘光焱、师洁出席会议。

2018.04.24

北京市交通委路政局"平安工地"考评组一行8人到首环高速进行中期考核评价工作，首环高速公司总经理丁喜红、安全总监张拓然、副总经理樊辰辉、各总监办、总承包部、施工分部等相关人员参加迎检工作。

2018.05.02

首都地区环线高速公路(通州—大兴段)路面沥青摊铺施工全面启动。

2018.05.06

首环高速全线桥梁桩基施工全部完成。

2018.05.07

中国海员建设工会全国委员会巡视员张景义一行到中交一公局五公司首环高速项目开展"互联网+工会"专题调研，中国交建工会联合会副主席、工会联合会办公室主任姚彦敏，一公局董事、副总经理庞维新以及中国交建工会联合会办公室、一公局工会办公室、首环高速公司、五公司相关负责人及部分职工代表参与调研。

2018.05.18

一公局五分部潮白河高架桥左幅路面上面层摊铺完成，实现左幅贯通，标志着一公局五分部又一次取得了阶段性胜利。

2018.05.22

首环高速全线预制箱梁架设施工任务。

2018.05.29

首环高速作为北京市交通委路政局的延伸督察对象，迎接北京市委市政府安全生产第二督察组莅临指导工作。北京市交通委路政局郭卫亮书记、刘长革副局长、安监处、建设处、质监站、首环公司等相关人员陪同督察工作。

2018.05.30

首环高速桥梁下部结构（桩基、承台、墩柱、盖梁、桥台、肋板、台帽）施工全部完成。

2018.05.31

由中交集团战略发展部副经理朱弘姗带队的审核小组到首环高速公司开展管理体系内部审核。一公局副总经理庞维新、战略发展部宋莉莉、首环高速董事长韩国杰、总经理丁喜红及首环高速班子成员陪同检查。

2018.05.31

首环高速互通A匝道桥南段最后一节钢箱梁顺利安装，标志着首环高速公路全线钢箱梁安装全部完成。

2018.06.01

迎来了全国第十七个以“生命至上、安全发展”为主题的安全生产月。6月1日第一天，首环高速组织召开2018年“安全生产月”活动启动会。公司总经理丁喜红、副总经理兼安全总监张拓然等领导班子、公司各部门、各总监办、各总承包部、施工分部主要负责人等共计52人参会。

2018.06.08

一公局二分部项目主线沥青上面层全部摊铺完成，至此，项目主线沥青面层全部完成。

2018.06.10

首环高速公司总经理、党委副书记丁喜红等公司领导班子组织各总监代表、分部项目经理及总工，沿首都环线高速公路全线11个合同段督查工程建设进展情况。公司工程管理部、安全部、技术质量部、协调部参加此次检查。

2018.06.13

一公局三分部北运河高架桥右幅伸缩缝全部施工完成，具备通车条件。

2018.06.15

北京市道路工程质量监督站与首环高速共同开展了以“行动起来，减轻身边的灾害风险”为主题的安全生产宣传咨询日活动。北京市道路工程质量监督站副站长王学颖、首环公司总经理丁喜红、安全总监张拓然、副总经理董理、中交一公局五公司工会主席冯玉照、各总监办、总承包部、施工分部主要负责人等相关人员共计120余人参加活动。

2018.06.15

津互通 K22+626.334加宽桥最后一方混凝土浇筑完成，标志着首环高速公路（通州—大兴段）工程现浇箱梁全部完成。

2018.06.17

一公局二分部小型混凝土预制构件生产任务历时3个多月全部浇筑完成。

2018.06.21

在中国市政工程协会举办的2018年度全国市政工程建设优秀QC小组活动成果表彰会上，一公局二分部QC小组研制的“智能湿控雾化喷淋养生系统”成果荣获2018年度全国市政工程建设优秀质量管理小组一等奖。

参建者名录

首环项目公司集体照

第一排　李儒天　樊辰辉　鞠加元　王金利　边海滨　韩国明　韩国杰　丁喜红　王世军　黄卫国　王　尧　张拓然　荆艳会

第二排　董　祥　高建清　侯代英　张志刚　孙洪军　冯玉照　崔　达　孙新海　刘立新　郭云杰　王晓宏　杨永洪　缪献武　李　涛　黄　倩　孟祥华　贾远辉

第三排　李富春　陈先虎　赵冠鹏　李成林　张军灵　牛文波　胡建兵　段建刚　孙延昭　任瑞永　王炳军　陈炳铎　李天茂

第四排　谢汉昌　秦庆飞　王凤利　王立民　夏　天　丰保卫　欧阳金平　王振威　祈志强　张　烨　何艳龙　武士钧　吕志鹏　李　喻　杜忠红

参建单位名录

第一总监办：

李成林（公司副总）　张俊凯（总监）　张海斌（技术负责人）

张伏波　杨焕荣　闵 艳　王承武　刘海鹰　孔令奇　刘贺友　孙德伟　寇清宝

陈召锋　刘 杰　西晓东　刘文柱　郭 辉　张印培　田宏伟　刘 扬　鹿 敏

鹿 强　杨晓轩　王 瑛　张祥祥　刘纪所　李春海　常雅焜　常家维　甄扬凡

饶 迪　张 英　郝迎宾　周 萌　王安荣　王 浩　陶小战　周 京　贺小成

雷 洋　张 明　王乐生　隋成中　缪立特　夏 天　孙紫耀　袁江锋　高艳鹏

王少鹏　于春丽　王春丽　陈 昭　王根成　柴宝锁　魏志军　陈铁军　刘瑞锋

杜随清　胡玉鹏　游 智　宁贯伟　杨建华　张 强　韩会亮　张付明

第二总监办：

王玉国（公司总工、第二监办总监）　牛文波（总监代表）

张本学（总工）　韩贵成（副总工）　秦晓臣（副总工）

李文涛　林 贵　王俊生　冯地久　韩贵君　孙智杰　李秋华　王小光　陶明勤　刘雪雪

瞿 路　晋 培　张 福　曹志瑞　宗景丽　张 涛　吴学江　张婕妤　孙凤秋　王广良

任敬生　刘文河　李海英　王吉福　白书涛　王建民　刘绍山　魏建峰　单园园　苏 春

马立群　杨 露　李家文　曹志亮　景成毅　张晓峰　刘振忠　马玉保　齐银川　张忍浩

张星星　李宏伟　靳曙艳　李明泓　刘光辉　周兴国　王晓旭　张 松　吴恩宇　蔡绍刚

高树宾　王守奇　邱正涛　陈文涛　王余才　王良林　李晓华　刘 英　倪晓燕

房建总监办：

赵利未(总监)　　杨建华(总监代表)

李富春　韩雪峰　闫爱学　闫永青　袁玉成　张　鑫　项　宇　张　毅　张亚东

刘　涛　尹　翠　王友生　马　强　陈拉祜　关瑞丽　冯美英　丁瑞芳　付艳红　夏占华　虞　剑　陈文涛

机电总监办：

王仕长(总监)

侯朝建　杨世顺　杨学政　解长城　宗世杰　朱金玉　周方文　王　楠　吕　月

一公局一分部：

贾远辉(项目经理)　　丰保卫(项目副书记)

朱斌泉(项目总工)　　张　林(项目总经)　　孙　磊(项目安全总监)

刘彦军(项目副经理)　　李　涛(项目副经理)　　朱继根(项目副经理)

席亚冬(项目副经理)　　孟春飞(项目副经理)

张志强　雷保成　李东远　胡　强　邱大猛　曹贵林　范文飞　闫崇喜　郝良超　魏潭龙　胡　舒

李　伟　李晓冬　郑大号　林来祥　厉永峰　吴　冬　高俊成　周宗国　吴勇平　康旭静　张　威

董志远　樊有旺　韩治林　罗治政　朱达泉　王红军　张东东　上官文涛　杜广宇　张相臻　潘北亚

武春峰　李　波　张　鹏　程　涛　童　宇　石亚运　宋奥斌　邱　翔　王　冰　黄　启　任志飞

孙群芳　王晨曦　马福林　陶震峰　郭　飞　王晓娜　陈苗苗　杨　柯　刘海波　靳彦亭　李建欣

申　需　石亚民　周见卓　宣苏宁　王义头　李燕良　侯光远　刘　强　曲群生　聂潇喆　姬桐桐

高吉朋　姜　彪　尚逸峰　张永刚　杨　涛　刘德法　李生祥　马更生　朱国泉　孙　亮　王小利

李红丽　徐国元　庞润海　邵　东　贾　飞　王建平　徐进泉　席英杰　张文学　董成军　盖宝成

周　伟　刚卫河　胡晴晴　冯广开　郝　雨　庄绪亮　张　晟　雷艳春　姜　杰　李杰敏　常悟颉

蓝代炳　徐进润　吴佳诚　高生辉　潘北翔　李中保　刘春江　姬　浩　周文华　刘爱国　曲　普

李思敏　孙占坤　曹方林　蔡文学　王建强　李明雨　杨　志　常田军　郝献臣　郝华山　王金平

一公局二分部：

高建清（项目经理） 王振威（项目书记） 胡建兵（项目常务副经理） 吴同喜（项目总经）
罗　亮（项目总工） 段建刚（项目副经理） 王瑞江（项目副经理） 王永平（项目副经理）
梁　皎（项目副经理） 景卫星（项目副经理） 祁志强（项目安全副总监） 黄晓磊（项目副总工）
王　萍（项目副总经） 杨晓锋（项目经理助理） 张晓辉（项目经理助理） 胡　伟（项目经理助理）
唐英锋 帅　彬 张　豪 石丽珍 潘艳丽 王雅茜 王丽军 刘　航 郭金冀 孟庆超 张金玉 刘嘉男
胡　奇 范越倩 秦　虹 万文静 陈志波 何静文 陈乾坤 乔　洁 姚广洲 毕　萌 周建豪 肖　涵
赵金红 杨　林 杜春景 王　愿 王景乾 刘　芳 李建强 康少波 王笑天 段　杰 袁晓博 朱亚朋
罗　超 张　梅 张岩松 李名福 袁俊芳 曹艳虎 张鹏飞 陈彭龄 张泽澍 赵悦翔 闫玉龙 王二亮
黄甲树 樊孝军 李　进 靳　柯 马文静 丛明慧 张鹏程 齐彦荣 陈学宇 李　慧 于宝良 胡　纲
薛晓宇 吉天庆 王志高 高庆东 刘东深 杨盛年 孙志文 田宝春 岳　鹏 苗瑞强 方明亮 郑　佳
赵　晋 宋　奥 王　璟 王　晓 彭景奇 张顺心 赵延荆 聂明宇 胡海洋 李浩兴 郝瑞光 李　昶
周　涛 杨　笑 许子峰 田东平 李　宁 吴艺特 邬　彪 贺　杰 陈智慧 胡涛涛 李创业 梁欣利
孙光雨 张　珂 程国海 范魏魏 卢　矿 白秉瑞 范莉苑 白艳芳 吴瑞洁 侯利萌 孙立邦 陈　洋
张　猛 刘　洋 于大伟 赵厚明 张雨雨 张元越 张鹏宇 陈伊静 王　琳 马尚飞 王利强 许百柱
冀俊亭 韩进雯

一公局三分部：

侯代英（项目经理） 赵传来（项目书记） 段建刚（项目副经理） 马常乐（项目副经理）
谢书武（项目副经理） 张　旭（项目总工程师） 吴同喜（项目总经济师） 王振威（项目总会计师）
胡新刚 赵　刚 王　阔 邹龙飞 周操飞 侯俊昱 李振雨 贾争霞 闫哲丞 封海明 薛丽婷 王雅蓉
万建军 朱小美 王云飞 武旭东 张京州 常斌山 范积成 赵新宇 张爱忠 宋金柱 王　博 谈甲兵
冯　沛 惠志廷 强树岭 刘雪梅 张　敏 陈亚楠 王　凡 王　涵 邹定广 丁　宁 王来平 任向荣
张　雪 苑海明 车新海 邹定亮 刘庆果 刘　琴 栾志远 李程林 马文静 李　星 史湘琳 韩贵金
张晓博 朱亚军 吴同金 朱星来 朱亚鲁 胡　钢 张红岩 刘翠平 金德元 孟祥敏 张海兆 刘树芬
石东豪 于成功 魏恩波 冯　鑫 纪小博 李明正 陈宝营 吴奇隆 张　良 卢丹丹 韩书庆 靳旺春
韩　艳 冯书田 邵天赋

一公局四分部：

郭云杰（项目经理） 孙延昭（项目书记兼常务副经理） 卢进勇（项目副经理）
云景敏（项目副经理） 邢　君（项目副经理） 张　烨（项目总工）
王凤绒（项目总经） 李福华（项目总会） 候建成（项目安全总监）
梁　锐　刘　坤　王　娜　郑　嘉　杨贝贝　冯丽娜　曹　瑞　于　柳　张文颖　高裕彤　陈亚楠
邓　茂　宁飞飞　韩　泽　张思博　师会强　赵晓伦　刘　增　李宗辉　穆海龙　哈　斯　贾享瑞
李小鹏　秦玉东　魏晓宇　方廷帅　沈安福　段　飞　谢　欣　李延凯　孙　琴　位国亮　杜闻浩
王玉东　王杨平　刘海清　赵　然　李广营　邢海霞　李秋明　杜　娟　李延兵　王丽敏　于志水
李继东　吴振兴　赵　闯　苏　雨　朱瑞虎　王　鑫　牛　猛　田旭飞　徐　田　韩晓雪　赵　娜
牛会铁　刘家伟

一公局五分部：

郭云杰（项目经理） 任瑞永（项目书记） 代旺旺（项目副经理）
李来红（项目副经理） 仲冬洋（项目副经理） 孙爱军（项目副经理）
欧阳金平（项目总工） 隋玉伟（项目总经）
王　昌　孔沛兴　杨海军　李记山　刘冬梅　金晓楠　江　玥　刘晓蒙　闫丹丹　杨　明　高　天
成嘉明　徐永进　吴宇航　王明泽　陈东旭　陈树松　柳　鑫　刘　超　方俊武　吴林泽　姜润丰
马长亮　汪　歌　赵成玉　雷　和　王伟娜　杨海潮　刘沛岩　唐　辉　杨　冲　李明辉　赵　磊
刘晓风　马超然　张志明　王安琪　沈　达　李　文　李　晶　徐　岚　刘双双　吴　昊　王升林
梁　浩　王淑华　周庭玲　陈雪萍　李文京　付海伟　张焕文　金海超　杨振信　何长胜　唐龙章
邵志金　柴兰华　何玉凤　康　丽　李迎杰　林艳平　王丽嫚　王利军　张晓艳　陈兴华　高青禄
刘　军　张国娥　邵国田　孙长喜　崔海英　张　迪　刘美娜　张守明　侯宝欣　张素敏　高春莲
孙国樑　王　刚　张守艳　王艳京　张怀祥　王宏学　陈　鹏　谷效梅　张立英　张凤英　姚淑荣
刘　通　韩淑玲　高　超　高洪伟　万圣友　李国辉　郭玉全　耿国良　张延瑞　王保利　王利鹏
马艳凌　张素芬　李　佳　葛璐星　王　朋　段芳芳　任清海　张建伟

一公局六分部：

王凤利（项目经理）　邓鸿阳（项目书记）　赵毅敏（项目总工）

李兴林　马晓辉　彭礼军　李静栋　周家茂　姚雷　陈浩　赵芳　黄华斌　郭旭斌　雷洋

吴炜铭　刘记存　曹亚洲　高波　张博　张楠　王建龙　刘情义　范怡灼　宋鸽　王笑研

姚帅　马光银　阮小虎　那昊　张丽　王策　杨春生　张志玲

一公局七分部：

王立民（项目经理）　秦庆飞（项目总工）　夏天（项目副经理）

朱平（项目副经理）　徐捷（项目副经理）　陈宇声（项目总经）

直正伟（安全副总监）　孙亮（项目副总工）

丁文　马俊飞　袁强　王中立　孙克广　刘东升　任思佳　何敬晔　刘启林　富生金　李兴闯

楼阳　石召军　李扬　陈金库　付遥　常效康　张阔　马俊文　王亚鹏　尚泽　王朋

韩瑞　黄建峰　孙建　孔德兰　姜金岚　王帅　张海东　李莹　文章　贾伟烨　张元元

夏伟　史瑞锋　刘雁希　史松昆　王德印

路建一分部：

王韶海（项目经理）　张志刚（项目技术负责人）　王胜明（项目书记）

谢汉昌　盛锦亮　王艳军　秦梓煐　李润状　苑祎颖　刘亚　高文革　高建伟　姚玉祥　赵继刚

吴远芳　张忠信　杨超　郑皓月　都学涛　孟鸿昌　任鑫　赵利　王海艳　张希锟　田公克

付书战　李婧雯　郎涛　李果　余苹　李鹏飞　杨建伟　张硕　吴佳生　王梦宇　龚俊峰

王秀红　王立　张仓　刘强　郭海涛　罗永力　许文辉　魏培　杨志军　谢平　张瑞辉

吴迪　王荣刚　缑任杰　马文凯　苏丹　周梦圆　徐瑞斌　侯恩恩　修海明　苏乐　刘兆锋

梁伟　赵微　张军红　尚敏敏　谢童　马永武　任瑞宇　韩五生　李秀军　贾荷英　何磊磊

蒋丽娜　候赖和　李国伟　刘江霞　兰锋　武敬轩　刘青　张恩池　任帅　计圈朋　杜三顺

朱仕新　范丽君　李慧真　米素华　冉凯凯　高健　慈凤娥　李忠　苏伟　赵军　王春利

张晨蕊　尚印庚　魏志芳　韩建富　闫文举　张晋伟　武汉文　王存帅　杜振东　黄硕　吴勇强

苏根叶　孙强　杜光平　张军红　王连娟　胡晓娟　马新治　冯乐乐　梁明坤　王佳庆　王秀征

孔祥楠　吕小春　谢瑞林　罗海超　时媛媛　秦传国　秦玉华　谭永平　马立辉　杨文超

路建二分部：

何艳龙（项目经理）　付新平（项目书记）　杜景余（项目总工）

秦东海（生产经理）　赵永旭（生产经理）　韩继春（生产经理）

程富强　黄双会　张卫辉　钟　凯　沈　博　张艳辉　潘　攀　于　源　刘学方　宋爱华　魏全良

李　华　王振宇　崔洪浩　孔令浩　康　健　张忠敏　邢　超　柴英杰　王思佳　赵彩凤　刘燕飞

王　伟　王思佳　赵　辛　李兴斌　段晓鹏　杜　云　段　佳　宋　锴　强萌萌　于东华　张　帅

赵　阳　张文华　孙红霞　刘　昱　卢伟伟　姜一琰　王涛勇　康　毅　任东昕　刘　兆　李建喜

刘兴国　刘玉峰　苏雨欣　南予川　李　健　许　杰　祁滋润　史立伟　贺俊凯　王永刚　程富强

李博远　姜　磊　李　龙　王雪琪　张永茂　金锡华　金元涛　覃永刚　段康伟

路建三分部：

黄　倩（项目经理）　张利伟（项目副经理）　敬子文（项目副经理）

谷传海　赵　雄　李小琴　伊刚刚

路建四分部：

任延风（总经理助理）　邓启明（项目经理）　罗　秋（技术负责人）

田　瑜　温国栋　王玉亮　徐　坤

图书在版编目（CIP）数据

大道环京城 ：首都地区环线高速公路（通州—大兴段）建设纪实 / 《中国交通年鉴》社主编 .—北京 ：人民交通出版社股份有限公司，2018.12
ISBN 978-7-114-15073-9

I. ①大… II. ①中… III. ①高速公路－道路建设－北京 IV. ①U412.36

中国版本图书馆CIP数据核字(2018)第231531号

书　　名：**大道环京城　首都地区环线高速公路（通州—大兴段）建设纪实**
著 作 者：**中国交通年鉴社**
责任编辑：韩亚楠　　赵瑞琴
责任校对：张　贺
责任印制：张　凯
出版发行：人民交通出版社股份有限公司
地　　址：(100011)北京市朝阳区安定门外外馆斜街 3 号
网　　址：http://www.ccpress.com.cn
销售电话：(010)59757973
总 经 销：人民交通出版社股份有限公司发行部
经　　销：各地新华书店
印　　刷：北京地大彩印有限公司
开　　本：889×1194　1/16
印　　张：14.5
字　　数：277千
版　　次：2018年12月　第 1 版
印　　次：2018年12月　第 1 次印刷
书　　号：ISBN 978-7-114-15073-9
定　　价：158.00元
（有印刷、装订质量问题的图书由本公司负责调换）